LES CAHIERS DE L'IBOIS

IBOIS NOTEBOOKS

1

**LES CAHIERS
DE L'IBOIS**

**IBOIS
NOTEBOOKS**

1

FRANÇOISE FROMONOT
STÉPHANE BERTHIER
YANN ROCHER

EPFL PRESS

SOMMAIRE

LES CAHIERS DE L'IBOIS, OUTILS D'UNE TRANS- DISCIPLINARITÉ AUGMENTÉE
Christophe Catsaros

PLEATS PLEASE? – LES ARCHITECTURES SECRÈTES DE L'OPÉRA DE SYDNEY
19 Françoise Fromonot

L'ARCHITECTURE À L'ÈRE DU *CONTINUUM* NUMÉRIQUE
39 Stéphane Berthier

LE THÉÂTRE SORTI DU BOIS
57 Yann Rocher

IMAGES
73
LES AUTEURS
195
IMPRESSUM
200

CONTENTS

THE IBOIS NOTEBOOKS, TOOLS OF INCREASED TRANS-DISCIPLINARITY
Christophe Catsaros

PLEATS PLEASE? – THE SECRET ARCHITECTURE OF THE SYDNEY OPERA HOUSE
141   Françoise Fromonot

ARCHITECTURE IN THE ERA OF THE DIGITAL *CONTINUUM*
161   Stéphane Berthier

THE THEATRE THAT CAME OUT OF THE WOOD
179   Yann Rocher

IMAGES
73
THE AUTHORS
195
IMPRESSUM
200

LES CAHIERS DE L'IBOIS, OUTILS D'UNE TRANS-DISCIPLINARITÉ AUGMENTÉE

Christophe Catsaros

Tout n'a pas été dit à propos de l'Ibois et de sa réalisation majeure, le Pavillon du Théâtre de Vidy. C'est le point de départ de cette initiative éditoriale d'une série de cahiers autour du laboratoire de l'EPFL consacré à la construction innovante en bois. L'Ibois, dont la principale contribution est d'avoir réinventé l'articulation entre l'architecture, l'ingénierie d'un matériau et sa technologie de mise en œuvre, mérite une approche transversale au croisement des sciences appliquées et humaines. Cela afin de développer une lecture critique et politique des réalisations matérielles et théoriques du laboratoire. Les cahiers de l'Ibois viendront ainsi combler un défaut d'analyse critique, qui s'observe dans la plupart des pôles de recherches orientés vers la pratique, où la technique et l'ingénierie de la mise en œuvre mobilisent une part importante des efforts.

S'il n'est pas rare que l'interdisciplinarité scientifique contribue à nourrir la recherche appliquée, son extension aux sciences humaines reste plus difficile à établir. C'est pourtant ce type de croisements qui serait requis pour porter un regard introspectif, et pour générer des discours, qui ne soient pas uniquement factuels, sur la nature inédite d'une démarche. La recherche appliquée interroge peu le sens global et la finalité de ce qu'elle entreprend, et rarement selon des critères autres que ceux de sa propre discipline. Tel est l'objectif de ces cahiers : placer l'Ibois au cœur d'un processus éditorial critique qui dépasse son champ de questionnement habituel. Pour comprendre ce qui est visé, il est peut-être utile de rappeler brièvement la nature du défaut que les cahiers s'efforcent de combler.

Le manque d'analyse critique dans la recherche appliquée trouve une explication dans l'évolution respective des trois disciplines constitutives de la culture du bâti :

l'architecture, l'ingénierie et l'urbanisme. Là où l'architecture et l'urbanisme n'ont cessé, au cours du XXe siècle, de développer des approches pluridisciplinaires, augmentant leur aptitude critique et réflexive, l'ingénierie s'est repliée dans une posture autoréférentielle, certes d'une grande efficacité, mais peu propice à l'hybridation transdisciplinaire et aux analyses transversales.

Grâce à l'interdisciplinarité, l'architecture et l'urbanisme développent leur aptitude à penser le monde à partir de ce qu'ils accomplissent. C'est leur disposition à se croiser avec d'autres savoirs qui leur permet de décupler et d'enrichir celui qui leur est propre. C'est aussi cette ouverture qui en fait des disciplines à vocation universelle. L'ingénierie et la technicité entament une évolution inverse, et à certains égards paradoxale : celle d'une montée en puissance sur le plan de l'efficacité et de l'aptitude à transformer le monde, mais aussi d'un progressif déclin des approches critiques et, plus généralement, de la disposition à la réflexion transversale. L'idée même d'une critique d'ingénierie est aujourd'hui un non-sens, quand la critique d'architecture reste la composante essentielle tant pour la formation des architectes que pour la production et la réception de leur travail.

Tandis que l'architecture et l'urbanisme s'autorisent des approches anthropologiques, socioéconomiques et politiques sur leurs effets respectifs, l'ingénierie et la recherche technique se referment dans un monolinguisme qui les appauvrit et leur enlève à certains égards la capacité à s'adresser à la société tout entière. Au XIXe siècle, on pouvait encore lire des textes d'ingénierie grand public dans la presse quotidienne. Aujourd'hui on peine à trouver, même dans les revues spécialisées, des articles qui vont au-delà d'une description factuelle ou d'une vulgarisation élogieuse.

Plus personne ne prend soin d'écrire sur l'ingénierie, de détailler les concepts derrière des solutions techniques, de restituer la pensée technique dans sa dimension prospective et imaginative. L'écriture technique ne s'est pas réinventée, au point d'avoir manqué la mutation éditoriale de la numérisation. Pourtant, nous en aurions bien besoin aujourd'hui, ne serait-ce que pour comprendre les boîtes noires qui régentent nos vies. À l'heure où les algorithmes apprennent à se perfectionner par eux-mêmes, l'humanité semble avoir renoncé à comprendre et agir sur les mécanismes qui produisent et perpétuent le monde.

L'Ibois, aux avant-postes de l'innovation en matière d'ingénierie des matériaux et de construction assistée par ordinateur, n'échappe pas à ces questionnements. Les capacités de ce laboratoire sont bien supérieures à ce qui en a été pensé, dit et écrit. Il y a un manque de réflexion et de transmission autour des types d'intelligences qui entrent en jeu dans les démarches révolutionnaires développées par les chercheurs de l'Ibois. L'innovation semble aller plus vite que notre aptitude à la situer et à la comprendre, sa mise en œuvre dépasse sa réception théorique et esthétique, indispensable à son maintien dans le champ de l'humain. Sur le mode de ce qui prévaut pour la recherche militaro-industrielle, l'Ibois semble capable d'activer des accélérateurs qui font que les outils élaborés dans le condensateur académique trouvent à se concrétiser sans avoir été préalablement assimilés par l'industrie de la construction. Sa position à la croisée de la recherche fondamentale et de la mise en œuvre en fait un cas unique pour repenser l'articulation de la science à la société, et plus généralement au monde qu'elle rend possible.

Si cette situation hybride présente un grand intérêt, elle comporte aussi un risque : celui d'un décrochage par excès de vitesse, d'une perte du sens global, et, plus important encore, d'une autonomisation de certains opérateurs qui basculeraient dans ce domaine aux frontières indéterminées que l'on nomme le post-humain. Un domaine où le savoir technique prétend pouvoir se passer d'une interaction avec l'homme, malencontreusement démis de son rôle d'évaluateur et de juge de sa propre évolution technique.

Certains pensent que l'opacité entourant certaines innovations techniques fait partie d'une stratégie pour franchir des limites, pour faire sauter des garde-fous qui maintiennent l'humain dans une prétendue position de contrôle. Les domaines comme ceux de l'intelligence artificielle et de la robotique, qui sont d'une importance croissante dans la pratique constructive de l'Ibois, semblent depuis longtemps exemptés d'une quelconque obligation de se référer à l'humain, encore moins de rendre des comptes à la société. Contrairement à ces nombreux opérateurs qui choisissent d'ignorer le risque d'aliénation inhérent à la robotique et à la montée en puissance de l'intelligence algorithmique, l'Ibois souhaite replacer l'humain, c'est-à-dire le sensible, le politique et l'écologique, au cœur de sa démarche.

Les cahiers de l'Ibois auront pour vocation de donner à comprendre ce qui est en jeu dans ces démarches expérimentales. Ils auront pour fonction de déployer ces protocoles et opérateurs techniques pour en révéler la logique intime. Cela, non pour en freiner le développement, mais pour mieux en déterminer l'orientation. Les cahiers chercheront donc à tisser des liens avec d'autres disciplines, non par goût de la variété, mais mus par la conviction que l'analyse interdisciplinaire est le meilleur outil pour comprendre ce que l'on fait dans sa propre discipline. À l'image des différentes disciplines en sciences humaines, qui s'enrichissent mutuellement, l'Ibois sera appréhendé au travers de filtres qui ne sont pas ceux de sa réception habituelle.

Les cahiers seront aussi les vecteurs d'une recontextualisation théorique. Ils s'efforceront de réinscrire le travail déjà réalisé et celui en cours dans un contexte théorique et historique, non pour le plaisir de circonscrire, mais pour mesurer le potentiel d'une pratique à l'aune de la distance parcourue. Les cahiers de l'Ibois vont restituer des références, des filiations, des récits qui ne sont pas assez considérés aujourd'hui. Ils vont ouvrir des portes là où l'on ne pensait avoir que des cloisons. Ils vont surtout proposer une trame de lecture qui n'avait pas été encore évaluée : celle qui s'efforce de mesurer le rôle d'une démarche constructive dans le devenir d'une société. En modifiant radicalement la façon dont est généré le bâti, l'Ibois recèle un véritable potentiel sociétal. Son aptitude à réinventer le bois, à générer des outils et des démarches qui contournent les hiérarchies et l'échelle des valeurs de l'industrie constructive, mérite donc d'être considérée dans une perspective politique.

Le bois est devenu aujourd'hui le vecteur d'une révolution verte préconisant une industrie immobilière décarbonée et des villes plus durables. Les cahiers seront le terrain d'évaluation de ces attentes, dans ce qu'elles peuvent avoir de sincère, mais aussi d'illusoire et de démagogique. Radiographie d'un matériau et de son potentiel écologique, les cahiers questionneront les principaux poncifs qui constituent aujourd'hui la réputation vertueuse du bois. Là aussi, l'objectif n'est pas de freiner une tendance mais de mieux l'orienter.

L'Ibois n'a pas attendu ses cahiers pour orienter sa recherche vers l'hybridation entre arts et sciences, l'ouvrant à la sérendipité et aux démarches heuristiques exploratoires. Yves Weinand a souvent été critiqué par les « gardiens du temple » pour son non-respect de l'orthodoxie académique. Les réalisations et l'horizon qui s'ouvre par la démarche audacieuse du laboratoire démentent ses détracteurs et incitent à pousser encore plus loin l'ouverture transdisciplinaire. La recherche appliquée et l'innovation constructive ont besoin d'être confrontées à des questionnements d'ordre économique, environnemental et anthropologique, afin de s'assurer du bien-fondé des voies qu'elles tracent. Les cahiers sont appelés à jouer ce rôle, qui est d'éclairer à l'aune de facteurs exogènes les orientations et les résultats de la recherche à l'Ibois. C'est dans cet objectif, celui de se mesurer à d'autres intelligences que la sienne, que le premier cahier de l'Ibois convoque trois théoriciens pour ouvrir ce cycle de réflexion.

Françoise Fromonot

revient sur l'épopée héroïque de Jørn Utzon et de ce qu'il a vainement tenté de réaliser au moment de la construction de l'opéra de Sydney. Les origamis en contreplaqué qu'il voulait assembler à l'intérieur de l'opéra représentaient bien plus qu'un habillage. Il s'agissait d'une construction à part entière à l'intérieur d'une autre construction, une façon littérale de faire un second ouvrage dans le creux des célèbres coques. La réhabilitation théorique du versant bois de l'opéra révèle à quel point le concept tectonique de son chef d'œuvre, la nature séquencée de son déploiement, se décline dans l'identité mécanique de la partie non réalisée, à savoir les origamis en contreplaqué. Ce qui a été considéré comme un revêtement accessoire et dispensable, rejeté par le commanditaire, se trouvait pourtant être une clé pour éprouver cette écriture architecturale à l'expressionnisme incompris.

Stéphane Berthier

offre un panorama assez complet de la place de l'Ibois dans la constellation des laboratoires qui mettent au point des techniques de conception et de fabrication assistées par ordinateur. Il revient sur l'évolution des vingt dernières années, depuis l'émergence des architectures non standard au tournant du millénaire, aux avancées les plus récentes sur les nouvelles aptitudes pour construire avec des matériaux ou des éléments qui étaient jusqu'ici jugés impropres à la construction. L'IA et la robotique vont-elles corriger l'aliénation qu'a généré la standardisation industrielle? De la gesticulation formelle qu'il a été à ses débuts, le non standard peut-il devenir un facteur de durabilité?

Quant à Yann Rocher,

il s'efforce d'établir les nombreux liens constructifs et symboliques entre le matériau utilisé pour construire le Pavillon en bois du Théâtre de Vidy et sa fonction de lieu scénique. Il dévoile surtout à quel point la variété formelle de son système géométrique converge avec l'attente imaginaire du lieu.

Christophe Catsaros

PLEATS PLEASE ? – LES ARCHITECTURES SECRÈTES DE L'OPÉRA DE SYDNEY

Françoise Fromonot

Des éventails de coquilles blanches, posés sur un promontoire en granit au-dessus d'un grand fjord austral : l'image est l'une plus célèbres de l'architecture du XXe siècle. Mais le profil iconique de l'opéra de Sydney a longtemps occulté le projet total de Jørn Utzon (1918-2008) pour son bâtiment, qu'il ne lui fut, hélas, pas donné de mener à terme. Pour les parois vitrées destinées à fermer les ogives des toitures, pour l'aménagement intérieur du socle et pour les deux auditoriums, l'architecte danois avait envisagé quelque chose qui aujourd'hui encore paraît assez révolutionnaire. Ce projet dans le projet était entièrement dessiné lorsqu'il fut contraint de quitter son chantier, en 1966, du fait de l'hostilité à son égard du nouveau gouvernement élu et du manque de soutien des ingénieurs d'Arup à ses ultimes propositions. Longtemps, elles sont restées à peu près ignorées de l'histoire de l'architecture[1] jusqu'à la redécouverte, au milieu des années 1990, d'une archive conservée à la Mitchell Library de Sydney[2]. Exhumés, reconstitués par l'image, les verrières articulées et les drapés sériels en bois imaginés par Utzon ont pu être assimilés à des expérimentations empiriques anticipant les aspirations formelles et techniques de l'ère numérique. Or l'histoire montre qu'Utzon a conquis ces inventions au fil d'un processus conceptuel lié à des fondations théoriques bien plus profondes, elles-mêmes nourries par une culture singulière qui fait la part belle à des antécédents souvent lointains. Ainsi, les volutes préfabriquées de la dernière phase de l'Opéra représentent moins une innovation circonstancielle qu'une sorte d'apogée créative d'idées mûries par lui de longue date : une version architecturale de *L'Art de la fugue*.

Françoise Fromonot

CHAÎNES ORGANIQUES

Pour en saisir la nature, le sens et l'originalité, il faut d'abord considérer sous cet angle quelques-uns des jalons de la carrière antérieure d'Utzon. Son inclination pour une architecture réglée par une logique intrinsèque, qui fasse coïncider la mise en forme et la mise en œuvre grâce à l'arrangement géométrique d'éléments simples, est comme un fil d'Ariane qui traverse tous ses projets. Cet intérêt est lisible dès ses premiers groupements de maisons à patio, construits alors qu'il venait de remporter le concours de Sydney à Helsingør (1956 – 58) puis à Fredensborg (1958 – 63)[3]. Dans les deux cas, une unité de construction (la brique) forme par addition une unité de vie familiale (une maison) qui, répliquée et assemblée à son tour, constitue une petite entité communautaire (un village moderne). Avec une combinatoire de modules et suivant des échelles homothétiques, Utzon fabrique un organisme complexe, informé à la fois par une chaîne

→ 75

---

1 Elles avaient été cependant évoquées par Sigfried Giedion dans la première version de son fameux essai « Jørn Utzon and the Third Generation – A New Chapter of *Space Time and Architecture* », publié dans *Zodiac* n°14 (1965) en compagnie de nombreux documents graphiques fournis par Utzon.
2 Voir le travail pionnier de Philip Nobis, *Utzon's interiors for the Sydney Opera House: the design development of the major and minor hall 1958 – 1966*, Sydney, University of Technology, 1994, et Françoise Fromonot, *Jørn Utzon – Architetto della Sydney Opera house / Jørn Utzon et l'opéra de Sydney*, Milan/Paris (Electa/Gallimard), 1998, p. 134 – 177. Depuis la mort d'Utzon, ses nombreux dessins pour la dernière phase de l'Opéra conservés au Danemark ont été déposés dans une archive dédiée ; ils peuvent être consultés en ligne (*utzon-archives.aau.dk*) et au Utzon Center à Aalborg.
3 Utzon en avait d'abord développé ce principe pour un lotissement en Suède, à partir de 1954.

scalaire cohérente et par un modèle transculturel très ancien d'habitat.

La biographie d'Utzon donne quelques-unes des clés de cet intérêt aussi précoce que durable pour cette rationalisation des formes. Ses références lui viennent de sources diverses, reliées par la lecture «additionnelle» qu'il donne de toute création savante, vernaculaire ou biologique. Les voiliers dessinés par son père, architecte naval et directeur des chantiers d'Aalborg, l'avaient rendu familier depuis l'enfance de la raison mathématique qui gouvernait l'épure de leurs coques en bois. À l'Académie royale de Copenhague, où il entra en 1937, il fut marqué par l'enseignement de Steen Eiler Rasmussen et de Kay Fisker, qui plaidaient pour l'intégration à l'architecture moderne de la règle des appareillages, inscrite dans la tradition nordique et transcrite jusque dans le Lego, ce jeu de construction d'origine danoise basé sur le bloc [4]. Toujours grâce à ses deux professeurs, il s'était familiarisé très tôt avec la culture architecturale de la Chine ancienne, rassemblée à l'ère Song dans un traité, *Ying zao fa shi* («Normes fédérales de construction»). Ce manuel codifiait en détail, depuis le XIIe siècle, les pièces de charpente en bois et les systèmes d'assemblage nécessaires pour réaliser toutes sortes d'édifices, eux-mêmes issus des déclinaisons infinies d'une seule typologie de plan. Utzon ne cesserait d'y revenir. *On Growth and Form* de D'Arcy Thompson, les photographies de Karl Blossfeldt – entre autres ouvrages destinés à montrer que la logique des formes vivantes est inscrite dans leur génétique – figuraient depuis longtemps parmi ses livres de chevet.

Dès son premier essai, publié dans la revue danoise *Arkitekten* en 1947, le jeune Utzon plaidait ainsi pour une architecture «enracinée dans les formes de la nature», illustrant son manifeste avec des images de coraux ou de cristaux compris comme des agrégations de cellules suivant un ordre géométrique sensible, « parce que nous sommes nous-mêmes faits d'éléments comme ceux-là, et que seul le contact avec la nature nous laisse totalement libres de créer notre propre expression »[5]. Il est également tentant de voir dans cette déclaration la marque d'Alvar Aalto, pour lequel Utzon avait brièvement travaillé au début des années 1940, qui voyait dans la nature « le meilleur des bureaux de standardisation »[6].

FORMES COMPLEXES, MATRICE SIMPLE

Pour concrétiser l'esquisse expressionniste qui lui a fait gagner le concours de Sydney, en 1957, Utzon va développer ses convictions dans de nouvelles directions. Pour rendre constructibles, sans bricolage ni artifice, les jeux de coques en béton minces d'abord envisagés pour matérialiser les « voiles » de ses toitures, il cherche les moyens d'en rationaliser les formes et le procédé constructif de manière à garantir à la fois l'économie de son projet – en moyens, en temps, en argent – et son intégrité plastique : une équation que ne parviennent pas à résoudre

---

4 Ce jeu avait été commercialisé en 1958 par une compagnie établie dans le Jutland par Ole Kirk Kristiansen, son inventeur au début des années 1930. Son nom, Lego, vient du danois *leg godt*, « je joue bien ». En latin *lego* signifie « j'assemble ».

5 Jørn Utzon et Tobias Faber, « Tendenser i nudtidens arkitektur » (« Tendances de l'architecture d'aujourd'hui »), *Arkitekten*, vol. 49, n°7-8-9, 1947, p. 63-69.

6 Cette phrase (« *nature is the best standardisation committee* ») est extraite d'une conférence donnée par Aalto en 1938, publiée par Göran Schildt dans *Alvar Aalto in his own words*, New York (Rizzoli),1997. Voir également Elina Standertskjöld, « Alvar Aalto and standardisation », in R. Nikula, M.-R. Norri et K. Paatero (dir), *The Art of Standards, Acanthus*, Helsinki (Museum of Finnish Architecture), 1992, pp. 74-84.

ses ingénieurs. Il leur suggère alors de rapporter ces coques toutes différentes à une seule et même géométrie – une sphère virtuelle de 246 pieds de rayon, 75 mètres environ – afin de réduire leur diversité à un ensemble de surfaces de même « famille ». Toutes les demi-coquilles auront le même rayon de courbure dans toutes les directions, un peu comme des triangles prélevés sur une orange, dira-t-il aussi. Chacune d'elles pourra être obtenue grâce à un assemblage jointif de nervures identiques (quoique de longueur variable), elles-mêmes constituées d'un nombre limité de segments types, préfabriqués en séries sur le chantier. Chaque fragment de sphère sera répliqué symétriquement pour former toiture, et l'opération répétée avec plus ou moins d'éléments selon la taille des coquilles à construire. Les coques initiales se transforment en voûtes à berceau brisé sur arête incurvée, une stéréotomie de béton d'inspiration gothique fécondée par les enseignements du *Ying zao fa shi*. Le traité chinois – qu'Utzon, selon ses assistants de l'époque[7], consultait souvent pendant les études pour l'Opéra – aura été l'un des « passeurs » de cette synthèse entre la grande tradition constructive d'Orient, les techniques et les aspirations de la modernité occidentale. « J'ai réussi à contrôler ces formes compliquées en mariant la liberté de l'artisanat et la précision de l'âge de la machine », écrira Utzon[8]. Cette révolution conceptuelle rend opérationnelle l'image rendue au concours sans en trahir les intentions initiales, tout en modifiant la forme extérieure du bâtiment dans le sens d'une plus grande harmonie entre ses parties.

    De cette première victoire sur l'ingénierie pure, l'architecte va déduire le mode de revêtement des toitures. Leurs surfaces bombées seront recouvertes de panneaux en chevrons dont la géométrie, homothétique de celle des segments sous-jacents, autorisera là encore une préfabrication par types. En finition de leurs faces vues, des carreaux de 12 cm × 12 cm – produits en deux versions de blanc, brillant et mat, par la manufacture suédoise Höganäs, suivant les techniques millénaires de la céramique d'Extrême-Orient étudiées de près par Utzon – sont posés en fond de moule avant le ferraillage et le coulage du béton. Le résultat allie la spécificité d'un matériau mis au point conjointement par l'architecte et son fabricant à l'exactitude de sa production industrielle. Là encore, une chaîne organique se met en place, conceptuellement et visuellement : le calepinage des modules de céramique constitue des panneaux, eux-mêmes posés en miroir des segments dont sont faites toutes les voûtes. Les mosaïques réticulées des toitures de l'Opéra sont cohérentes avec l'ensemble de la structure, qu'elles recouvrent sans en occulter complètement l'ordre constructif sous-jacent ; cette marqueterie d'écailles capte de mille manières la lumière capricieuse de la baie de Sydney.

> 7 L'architecte de Sydney Peter Myers, un ancien de l'agence Utzon, a attiré le premier mon attention au milieu des années 1990 sur l'importance de cette référence. Depuis, l'intérêt protéiforme d'Utzon pour la culture de la Chine ancienne et son influence sur son architecture été amplement creusé, notamment par Chen-Yiu Chu, « China Receives Utzon: The Role of Jørn Utzon's 1958 Study Trip to China in His Architectural Maturity », *Architectural Histories*, 4(1), 2016, p. 12. Cet article prolonge sa thèse de doctorat « Utzon's China: the reinterpretation of traditional Chinese art and architecture in the work of Jørn Utzon (1918 – 2008) », soutenue en 2011 dans le département Architecture, Building and Planning de l'université de Melbourne.
> 8 Jørn Utzon, « The Sydney Opera House », *Zodiac* n°14, 1965, p. 49.

LE BOIS, MATÉRIAU EXPÉRIMENTAL ?

Les propositions non réalisées pour le reste du bâtiment s'inscrivent dans ce sillage. Les matériaux choisis pour les superstructures de l'Opéra – béton et céramique – étaient minéraux. Utzon entend employer par contraste, pour les intérieurs et le second œuvre, du bois dans sa version industrielle : le contreplaqué, un produit encore nouveau qui connaît depuis l'après-guerre des progrès remarquables. « Ces deux matériaux se complètent : le béton est le matériau primaire porteur, le contreplaqué, le matériau secondaire suspendu. J'ai traité le béton dans sa forme pure pour arriver à des structures exprimant la fonction porteuse ; je veux maintenant exprimer le contreplaqué dans son authenticité : une membrane mince, rigidifiée par des pliures »[9].

Utzon étudiait depuis plusieurs années les possibilités du bois reconstitué avec une entreprise australienne de pointe, Ralph Symonds Ltd. Ingénieux, hardi et peu conventionnel, Symonds était réputé bien au-delà des frontières de son pays pour ses innovations dans ce domaine. Pionnier du contreplaqué dans les années 1930, il avait mis au point des colles synthétiques qui, associées à des techniques de pressage à chaud, lui permettaient de fabriquer des multiplis épais et résistants. Il produisait alors dans ses ateliers les plus grandes feuilles au monde, 50 pieds de long – soit plus de 15 mètres – par 9 pieds de largeur. De telles dimensions rendaient envisageables la confection de structures de grande portée, d'un seul tenant, en minimisant le nombre de joints en cas d'assemblage.

Utzon avait déjà fait appel au contreplaqué Symonds pour le coffrage des colossales poutres gouttières du grand escalier de l'Opéra, lors de la première phase de chantier, puis en revêtement intérieur des moules de fabrication des segments de voûtes, pendant la seconde. Pour cette troisième phase, il projette d'employer pour ses qualités propres ce contreplaqué aux propriétés extraordinaires, d'autant que Symonds a mis au point une technique permettant d'insérer entre les couches de bois, ou en parement, des feuilles de métal et notamment d'aluminium (*AlumPly*). Leur dilatation avec la chaleur lors du pressage, puis leur rétraction par refroidissement produisent un contreplaqué en quelque sorte précontraint, aussi résistant que l'acier pour une fraction de son poids.

« L'homme ne peut plus s'offrir le temps et la compétence des artisans pour construire des bâtiments manuellement. Nous devons inventer formes et les outils pour fabriquer nos composants et les moyens de les assembler, limités seulement par les possibilités de construction de l'âge de la machine dans lequel nous vivons (...) La seule manière d'aborder le problème des autres parties essentielles de l'Opéra est de les contrôler grâce à une géométrie rigoureuse puis de les diviser en composants identiques susceptibles d'être produits par des machines, en surveillant de près leurs dimensions et leur qualité », résumait Utzon en janvier 1965[10].

PRINCIPE ET ALÉA

Si ses solutions pour le second œuvre poussent plus loin encore cette philosophie, elles dénotent de manière toujours plus patente l'influence du traité chinois.

---

9 Lettre d'Utzon à M. Johnson, ministre des travaux publics, du 29 septembre 1964. (Utzon Archive, Mitchell Library, Sydney, Box 32, item 343).

10 Jørn Utzon, *Descriptive Narrative with Status Quo. Sydney Opera House. January 1965*. Rapport dactylographié document d'agence, p. 5.

Ce catalogue de pièces de charpente standard contient virtuellement les arrangements requis par la construction de toutes les toitures traditionnelles – de la plus simple à la plus élaborée – mais aussi l'estimation du temps nécessaire aux artisans pour ce faire. Utzon va transférer là encore ces enseignements vers la création de formes nouvelles. Pour chacune des prestations de cette troisième phase, il dresse des catalogues d'éléments dont la conception intègre les logiques d'assemblage qui mèneront au résultat formel souhaité. À l'architecte la tâche la plus savante et la plus chronophage, au chantier la facilité et l'efficacité de la mise en place.

Pour habiller les longueurs considérables de circulations, aux formes irrégulières, ménagées par le gros œuvre à l'intérieur du podium de l'Opéra, l'agence dessine un panneau de contreplaqué haut et mince (40 centimètres de large), cintré en U. Deux panneaux jumeaux, fixés à un rail au sol de part et d'autre d'un même couloir, sont reliés par une barrette horizontale de dimension fixe pour former une sorte d'arche. Selon les couloirs, les panneaux verticaux prendront naturellement des inclinaisons changeantes; leur mise en continuité dessinera des sortes de tunnels ondulants, de largeur constante en plan mais déformés en coupe selon les situations. « Les couloirs (...) sont définis par les murs porteurs, qui à leur tour tirent leur forme et leur emplacement des auditoriums qu'ils soutiennent. Les couloirs drainent les flux – des gens, mais aussi des tuyaux et des gaines « – et s'il faut cacher ceux-ci, il faut aussi impérativement en faciliter l'accès (...) Nous avons inventé un système basé sur le simple principe suivant : deux éléments reliés par un joint souple peuvent prendre n'importe quelle position dans leur longueur

→ 79

28   Françoise Fromonot

totale, comme la main et le bras »[11]. Si Utzon use d'une analogie anatomique pour illustrer son principe constructif, il en rapporte le résultat spatial à un antécédent oriental : les allées couvertes par des suites de *tori* rouges qui conduisent aux sanctuaires de Kyoto ou de Nara, dont le frappant effet graphique naît de la rencontre entre des alignements réguliers de portiques identiques et les aléas de la topographie. Pour l'aménagement des salles de répétition, d'abord prévu dans des revêtements traditionnels – plâtre, panneaux absorbants – Utzon imagine également des modules de contreplaqué tubulaire, moulés dans les mêmes formes que ceux des couloirs : standardisation généralisée, rigueur et souplesse des habillages, économie en coût et en délais, démontabilité et accessibilité optimales[12].

STANDARD ET CASUISTIQUE

De même, Utzon entend rationaliser, malgré la complexité géométrique de leurs surfaces, les « murs vitrés » (*glass walls*) qui obtureront les « gueules » béantes des voûtes, côté ville et côté baie. Leur système doit également accommoder les petites découpes qui subsistent latéralement entre l'horizontale de la plateforme et l'arc de la partie basse de chaque « voile ». La mutation des coques en voûtes lors de la phase 2 a libéré ces verrières de tout rôle structurel. Elles sont devenues des membranes légères, suspendues sous les ogives comme des rideaux, leurs lames de verre prises dans de minces armatures qui s'affinent à leurs extrémités basses « comme une aile d'oiseau ». L'ossature des verrières, réalisée en contreplaqué tubulaire, est finalement divisée horizontalement en segments de composition

---

11 Jørn Utzon, « Corridor problem », *Zodiac* n°14, 1965.
12 Utzon : *Chronological report on planning and design*, *op. cit.*

→ **81** similaire, rapportés à des séries. Il fallait «créer un système assez adaptable pour prendre en compte la forme irrégulière (des voûtes) et assez résistant pour encaisser la pression des vents sur de si grandes surfaces, explique Utzon. Nos premières tentatives d'utiliser des structures composites en béton et en acier voire en bronze aboutissaient à des solutions trop complexes et trop rigides. Il nous fallait trouver un système géométrique simple, composé d'une série de modules vitrés tenus par des meneaux susceptibles de s'ajuster à toutes les formes et les positions requises»[13].

→ **82**

Ces meneaux n'ont pas besoin d'être épais, mais ils doivent servir de raidisseurs. Le contreplaqué tubulaire a été choisi pour ces raisons et l'agence a mis au point des sections-types. Les derniers dessins montrent que la division verticale de toutes les verrières répercute l'intervalle de 4 pieds (1,20 mètre) entre les éléments de dallage de la plateforme afin de relayer cette dimension jusqu'au sommet des voûtes. Les meneaux sont obtenus par assemblage d'ailerons en contreplaqué de pin, épais d'un demi-pouce (13 millimètres) formant un profilé d'environ 90 centimètres de profondeur. En portant ombre sur le verre, ils font office de brise soleil, ce qui permet d'utiliser du sécurit clair en modules conformes aux dimensions du commerce[14].

Cette logique se répercute dans les détails. Les couches du feuilleté de bois sont décalées pour s'adapter aux configurations changeantes du meneau-type suivant l'altimétrie. L'extrémité de la couche supérieure est cintrée en un caniveau latéral formant parclose, qui reçoit un vitrage fixé par des clips standard. En façade, le chant du meneau est coiffé d'une pièce capuchon en U, destinée à

protéger sa face exposée, finie par une feuille de bronze collée à chaud selon la technique Symonds. L'épaisseur des couches de bois, la direction de leur fil et les colles employées ont été étudiées pour encaisser un cintrage très serré. Dans les parties droites et à chaque pliure
→ **83** de la verrière, les meneaux sont régulièrement connectés par une pièce métallique de section cylindrique qui sert à clore les interstices entre les vitrages là où ils se chevauchent. Les meneaux auraient été préfabriqués en séries
→ **84** chez Symonds puis montés in situ, comme un Meccano, une réplique du procédé mis au point pour les voûtes. En réduisant des verrières toutes différentes à un nombre restreint de cas et de pièces types, Utzon mariait une fois encore
→ **85** la justesse de dessin d'éléments parfaitement adaptés à leur rôle et la précision de leur fabrication en atelier. Les études avaient été longues, mais la pose serait rapide.

DES « STRUCTURES TEXTILES »

Pour le modelage des deux salles de concert, les contreplaqués Symonds allaient trouver une utilisation plus spectaculaire encore suivant des principes cousins. Ce projet témoigne de la quête qui occupe alors Utzon tout

> 13 Lettre d'Utzon à Mr Johnson ministre des travaux publics, septembre 1964, citée par Shelley Indyk et Susan Rice, *Sydney Opera House*, mémoire non publié de Bachelor of Architecture, University of Sydney, 1982.
> 14 Jørn Utzon, *Descriptive Narrative*, op. cit, pp. 8-9. Les architectes qui ont remplacé Utzon après sa démission forcée ont abandonné ce projet pour une structure métallique mince garnie de verre fumé.

entier : celle d'une coïncidence intégrale entre dispositif spatial, procédé constructif, performance technique et intention esthétique. Initialement couverts par des rubans de bois « à la Aalto », pour le petit auditorium, et par un plafond acoustique en « pointes de diamant », pour le grand, les deux salles de concert vont muter vers une même résolution alors que se développe la solution sphérique pour les superstructures. Comme ces dernières, les auditoriums deviennent des structures enveloppes, obtenues cette fois par juxtaposition de poutres-caissons (*box-beams*) en contreplaqué rayonnant depuis la scène. Des feuilles de plomb ou d'aluminium intercalées entre les couches de bois augmentent sa résistance et renforcent l'isolation phonique, indispensable pour assurer de bonnes conditions d'écoute dans l'environnement bruyant du port. Chacune de ces nervures épaisses est constituée de plusieurs segments, assemblés en ligne, et dont la sous-face est modelée par un cylindre virtuel. En leur imprimant une même courbure, ce gabarit circulaire facilite leur préfabrication, harmonise visuellement leur déploiement d'ensemble au dessus du public et régule la réverbération du son venu de la scène. L'intérieur de chaque auditorium est comme nimbé par un grand dais, aux inflexions calquées sur les données fournies par les acousticiens. L'espace devient « un portrait de la trajectoire idéale du son ».

Il est prévu que toutes les poutres-caissons – dont la plus longue mesure plus de quarante mètres – soient façonnées, assemblées et décorées dans les ateliers Symonds, sis à Homebush Bay, sur l'estuaire de la rivière Parramatta qui se jette dans la baie de Sydney. Elles seront convoyées par péniche jusqu'à l'Opéra, « comme de grands yachts», amenées sous les voûtes puis levées et accrochées à elles côte à côte avant d'être solidarisées «comme un grand puzzle en trois dimensions»[15], leurs jambages arrières reposant sur le haut des gradins pour réduire la sollicitation des superstructures. Des dessins d'étude et une

→ **88** photo de maquette datée de 1965 présentent la série de nervures requise pour la construction d'une demi salle, rangées par taille décroissante, depuis la grande poutre centrale jusqu'à la pièce triangulaire qui termine l'enveloppe contre la cage de scène: une analogie frappante avec les planches du *Ying zao fa shi* figurant les variantes de «bras leviers».

RAISON ET SYMBOLIQUE

«La forme finale donne d'excellents résultats acoustiques. Les sous-faces cylindriques convexes des plafonds à ressauts assurent une bonne diffusion et une grande richesse sonore. Les salles possèdent également un caractère architectural très fort car leurs formes se déploient à partir d'un point situé sur la scène, dirigeant le regard des spectateurs vers celle-ci (...) Comme le montrent les dessins, une solution géométrique très simple peut définir complètement tous les éléments, permettant de percevoir la parenté qui les lie et d'organiser la décoration de manière organique»[16]. Utzon s'explique ensuite sur son acception de ce qualificatif: «Tout ce qui peut mettre l'accent sur l'idée et sa mise en œuvre doit être montré, la méthode de production, par exemple, le système de construction, la couleur. Pour arriver à un

15 Jørn Utzon dans *Zodiac* n°14, 1965.
16 Jørn Utzon, «Minor Hall», *Zodiac* n°14, 1965.
17 *Ibid*.

caractère ou à un style cohérent et complet, la décoration et la couleur doivent être organiques, c'est à dire faire partie intégrante de ce complexe, comme l'écume blanche est partie intégrante des vagues »[17]. Dans chaque auditorium, les segments des poutres sont peints de motifs colorés, concentriques ou rayonnants, un découpage ornemental émanant du centre invisible des cylindres théoriques qui en gouvernent les ondulations. « Les couleurs changeantes seront en harmonie avec le concept géométrique », déclare Utzon[18]. Les dernières maquettes montrent des tonalités – rouge et or pour le grand auditorium, bleu et argent pour le petit – choisies en contraste théâtral avec le gris du béton brut des voûtes, mais aussi en résonance avec leur signification symbolique dans la Chine impériale.

Toutes ces prestations participent donc d'une même intention : construire grâce à des *systèmes* d'éléments usinés des enveloppes légères relativement autonomes, qui ne soient pas des revêtements intérieurs mais de véritables architectures secondes habitant l'ordre premier du bâtiment. Ces deux registres devaient dialoguer dans un accord secret grâce à la géométrie primaire qui les aurait animés de concert, le cercle. Dès 1965, Sigfried Giedion – qui voyait dans le jeune Danois le représentant le plus doué de la « troisième génération » moderne et entretenait avec lui des échanges intellectuels intenses – décelait quant à lui, dans le ressac immobile de ces drapés de bois lovés sous des coupoles pliées, des résonances « cosmiques »[19].

LA TECHNOLOGIE EN CRITIQUE

Utzon n'est ni le premier, ni le seul à chercher dans ces directions des solutions aux dilemmes de son époque. C'est sa manière de s'y prendre qui le rend unique.

→ 90 Pour opérer la fusion voulue entre structure et forme, démarche et résultat, rigueur et plasticité, volonté conceptuelle et économie de moyens, il puise dans une culture qui lui est propre les congruences essentielles entre la morphologie du tout et l'organisation de ses parties[20]. Mais Utzon n'est pas non plus le dernier à s'intéresser à la dialectique entre la forme construite et les éléments auxquels elle peut être rapportée pour accomplir pleinement son potentiel expressif.

→ 91 L'opéra de Sydney a pu être intégré à une généalogie de l'architecture dite non standard, à savoir la génération de surfaces non-euclidiennes grâce à la mise en continuité de leur conception et de leur fabrication par des systèmes algorithmiques[21]. On comprend à ce qui précède combien ces rapprochements sont hasardeux. Les explorations d'Utzon anticiperaient plutôt des recherches comme celles qu'Yves Weinand et le laboratoire Ibois développent depuis quelques années à l'EPFL[22]. Les voûtes à double courbure de longue portée, en caissons de bois, conçues en 2020 pour la grande halle de la menuiserie Annen à Manternach (Luxembourg) pourraient s'apparenter à

18 *Descriptive Narrative*, 1965, *op. cit.*
19 Sigfried Giedion, «Jørn Utzon and the third generation», *op. cit.*
20 À ce sujet, voir Françoise Fromonot, «Jørn Utzon, serial architect», *in* Michael Juul Holm, Kjeld Kjeldsen et Mette Marcus (dir.), *Jørn Utzon – The Architect's universe*, catalogue d'exposition, Humlebaek (Danemark): Louisiana Museum of Modern art, 2004, p. 76-83.
21 Frédéric Migayrou (dir.), «Architectures non standard», catalogue de l'exposition du même nom, qui s'est tenue au Centre Pompidou à Paris entre décembre 2003 et mars 2004.
22 Voir Yves Weinand (dir.), *Structures innovantes en bois – Conception architecturale et dimensionnement numérique*, notamment le premier chapitre, «Structure plissées en panneaux de bois».

un lointain *revival* des plafonds structurels de Sydney. Mobilisant cette fois des technologies de pointe et des collaborations interdisciplinaires, ce projet procède d'une démarche d'ensemble qui entend privilégier, contre les formes capricieuses prônées par l'architecture paramétrique, le sens de la pensée structurelle et sa fusion avec la pensée architecturale. Mais il exploite pour cela des moyens qui n'existaient pas du temps d'Utzon : la modélisation, la découpe et l'assemblage numériques. On pense aussi à la structure plissée en panneaux de bois modulaires du pavillon du théâtre de Vidy (2017) qui rappelle d'ailleurs visuellement une autre proposition non réalisée d'Utzon : une commande de 1967 pour les stades de Djeddah dont le Danois dessina jusqu'aux documents d'exécution avant l'abandon du projet par le client. Inspiré par les origamis japonais autant que par l'architecture islamique – plus spécifiquement les reliefs tridimensionnels des *muqarnas* qu'il avait découverts en visitant l'Iran – Utzon avait prévu de réaliser les auvents en porte-à-faux abritant les gradins à l'aide de modules de béton triangulaires préfabriqués sur le site. Il allait baptiser sa méthode « architecture additionnelle »[23].

La quête d'Utzon embrassait, avec l'optimisme caractéristique de son époque, les valeurs, les moyens et les possibilités de l'industrie, comme le font d'ailleurs toujours certains tenants de la morphogénétique. Mais les interrogations sur l'usage des ressources, sur l'empreinte environnementale des matériaux et sur la mondialisation de leur production suscitent aussi des approches plus fondamentalement soucieuses d'écologie de la construction. On pourrait citer le travail de Jacques Anglade[24], un ingénieur passé au début des années 1990 par le laboratoire

Ibois où il a rencontré Roland Schweitzer (1925-2018), grand connaisseur de l'architecture traditionnelle d'Extrême Orient et en particulier du Japon. Pour se forger « un nouveau langage architectural »[25], Anglade s'appuie sur d'anciennes pratiques constructives évincées par la technologie pour sustenter sa critique des filières industrialisées du bois, leur oubli des qualités et des logiques propres de la matière et la standardisation abstraite du travail de transformation qu'elles induisent. Revisitant des savoirs médiévaux, comme les charpentes assemblées à petit bois massif, il dessine des structures combinant l'économie matérielle et l'esthétique qui en résulte à des dispositifs de régulation climatique, dans une volonté de lisibilité et d'appropriation de ces ouvrages par ceux qui les réalisent. Utzon équilibrait sa foi techniciste par ses appels répétés à faire de l'artisanat un partenaire véritable de l'architecte, se référant pour cela à des antécédents archaïques convoqués jusque dans leur dimension paysagère. Sa « poétique de la raison » pourrait bien revenir en force dans l'actualité de l'architecture alors que se profile la réévaluation générale de l'idée de progrès à l'aune de ses évolutions modernes.

---

23 Ce projet a été publié avec d'autres sous ce titre, « Additiv Arkitektur », dans un numéro spécial de la revue danoise, *Arkitektur* 1, 1970, entièrement consacré aux recherches d'Utzon dans ce domaine.

24 Voir Stéphane Berthier, « Les structures de Jacques Anglade, une contre culture constructive », *criticat* n°17, printemps 2016, pp. 68-87.

25 Titre d'une conférence prononcée par Jacques Anglade à l'ENSA de Strasbourg en décembre 2008.

L'ARCHITECTURE À L'ÈRE DU *CONTINUUM* NUMÉRIQUE

Stéphane Berthier

Entre 1990 et 2000, le développement des logiciels de morphogénèse dans le champ de l'architecture a conduit à l'émergence d'œuvres originales, aux influences biomimétiques. Identifiables à leurs formes molles et fluides, ces productions ont souvent été qualifiées de «blob architecture». L'exposition «Architectures non standard» organisée au Centre Pompidou à Paris en 2004 en présentait un échantillonnage qui témoignait de la fascination de ses auteurs pour l'imitation des formes de la nature, facilitée par les outils numériques. Très vite, de nombreuses critiques se sont élevées contre un art jugé un peu trop formaliste et «gratuit». On s'interrogeait sur l'échelle de ces objets, qui dépendait de la taille du personnage intégrée à sa représentation: une forme donnée pouvait aussi bien représenter un meuble qu'un avatar de la *bigness*. D'autre part, la question de la constructibilité de ces blobs restait entière. Quelques réalisations précoces avaient eu recours soit à une méthode de saucissonnage de la forme, soit à une discrétisation en grossières facettes triangulées qui donnaient un caractère laborieux et compliqué à l'édifice, bien loin de la fluidité de ses représentations initiales. Il résultait de ces premières expérimentations une dissociation brutale entre forme et structure, la dernière tentant artificiellement de «faire tenir» la première, à la manière d'un décor de théâtre.

CONTINUUM NUMÉRIQUE DE LA CONCEPTION À LA FABRICATION

Après cette production architecturale de première génération, les progrès des outils numériques, et notamment le transfert dans le champ de la construction des moyens de la CFAO (conception et fabrication assistées par ordinateur) connu depuis une génération dans l'industrie – ont permis de réduire peu à peu la fracture entre la forme originale des architectes, la structure rationnelle des ingénieurs et la fabrication économique des entreprises. Il ne s'agit pas à proprement parler de développements instrumentaux au service de la blob architecture, mais de travaux relativement indépendants qui s'interrogent sur les dispositifs morphologiques et constructifs qu'on peut tirer des outils de la CFAO et, réciproquement, sur les améliorations et mises au point à apporter à ces outils numériques industriels pour les adapter au champ de l'architecture. Différents acteurs, tous universitaires, comme l'*Institute for Computational Design* (ICD) de l'université de Stuttgart dirigé par Achim Mengès, le *Block Research Group* de Philippe Block et le laboratoire *Architektur und Digitale Fabrikation* de l'ETH de Zurich dirigé par Gramazio et Kohler et bien entendu l'*Ibois* de l'EPFL d'Yves Weinand travaillent aujourd'hui sur ce sujet, et tentent d'établir un *continuum* digital, une plateforme numérique homogène de la conception à la fabrication. Leurs travaux ont en commun la recherche de consubstantialité entre forme et structure, à l'ère du numérique et de la fabrication robotique. Ils font peu à peu émerger ce qu'Yves Weinand a nommé une «tectonique digitale». Le terme de tectonique forgé par la théorie de l'architecture germanique, notamment par Karl Bötticher puis Gottfried Semper au XIXe siècle, vise à caractériser une architecture dont les qualités ne seraient pas surajoutées aux nécessités de sa construction. En 1995, Kenneth Frampton a réintroduit ce concept dans *Studies in Tectonic Culture* qui se donnait l'ambition de réévaluer l'architecture de la modernité à partir de ses qualités constructives tandis qu'elle était, selon l'auteur, trop souvent analysée sous le seul angle de sa spatialité. Selon le théoricien américain, la tectonique n'est pas qu'une simple affirmation de la construction, souvent pauvre et muette;

c'est un art de la fabrication qui exploite le potentiel d'expression poétique, tactile et sensoriel de la matière, des outils et des métiers de sa mise en œuvre.

ARTS & SCIENCES, ENSEMBLE

La production construite de ces recherches universitaires, architecturales et techniques n'a plus grand-chose à voir avec les blobs initiaux de l'architecture non standard. La nécessaire discrétisation des surfaces complexes en petits éléments fabricables n'est plus pensée comme une conséquence malheureuse de la réalisation à l'échelle 1, mais comme le point de départ de la réflexion. Elle amènent ces architectes-chercheurs à réfléchir en étroite relation la décomposition modulaire de la forme, la fabrication des éléments constitutifs et les modalités de leurs assemblages. Cette démarche ne part plus de la forme architecturale décidée a priori jusqu'à sa réalisation technique, dans une logique séquentielle, mais interroge la forme à partir de ses conditions de réalisation, tandis que les modalités d'assemblage sont étudiées, au-delà de leur performance technique, dans leur potentiel morphologique.

Cette attitude synthétique nécessite de renouveler les méthodes de recherche en décloisonnant les disciplines. La spécificité de l'Ibois dirigé par Yves Weinand, comme les autres laboratoires cités, est d'hybrider les savoirs, de favoriser l'interdisciplinarité, notamment entre l'architecture, l'ingénierie civile, les mathématiques et l'informatique. Dans un court texte intitulé « The Studio As A Model » Yves Weinand énonce son ambition d'organiser son studio d'architecture à l'EPFL comme un lieu de recherche hybride pour favoriser des interactions fertiles entre les différentes disciplines concernées par l'architecture. Il y affirme son ambition de réunir les approches de la recherche exploratoire («curiosity-driven») de l'atelier d'architecture, ouvert à la créativité et à la sérendipité, et de la recherche appliquée («problem-oriented») qui relève d'une culture de la recherche et du développement (R&D). Cette organisation, non orthodoxe d'un point de vue universitaire, entremêle arts et sciences pour dépasser la rationalité technique de la recherche en ingénierie et ouvrir le champ des possibles.

TIMBER PROJECT : ÉLÉMENTS SIMPLES, FORMES COMPLEXES

Le catalogue de l'exposition *Timber Project* synthétise plusieurs années de travaux d'étudiants au sein du studio d'architecture d'Yves Weinand. Les deux semestres de l'année universitaire 2007–2008 ont été consacrés à l'expérimentation des structures tressées en bois. Après un premier temps de rencontre avec les techniques de fabrication textile (tissage, tressage, tricot), les étudiants ont été amenés à envisager ces dispositifs à l'échelle d'un édifice et d'en réaliser la maquette partielle à grande échelle.

Le projet *Tress Arc* est ainsi constitué d'un arc tressé de quatre panneaux de bois contrecollé 3 plis de 20 m de portée pour 5 m de flèche, réalisé en maquette à l'échelle 1/3. Ce module peut se répéter *n* fois pour donner sa longueur à l'édifice. Les vides du tressage apportent un éclairage naturel rythmé par le pas des panneaux. Ce mode constructif utilise l'élasticité des panneaux dans leur axe longitudinal pour former la courbure de l'arc et dans leur axe transversal pour former le tressage.

→ 96

Le projet *Continuity Tridimensionality* est une structure spatiale qui évoque un entrelacement de rubans de Möbius. Elle est faite d'une nappe tressée de quatre boucles de trois lames de contreplaqué chacune, se croisant en un motif carré au sommet. Si la courbure du volume permet une rigidité satisfaisante à petite échelle, la maquette définitive d'environ 3 mètres de haut ne résiste pas au changement d'échelle. Les photographies de l'exposition laissent apparaître les tuteurs qui la supportent, rappelant aux architectes comme aux ingénieurs que le rapport entre résistance et taille n'est pas linéaire et que les motifs de la vannerie sont toujours liés à leur échelle.

D'autres projets comme la *Tour à facettes* sont des tressages seulement figuratifs, qui n'exploitent pas l'élasticité du bois. Il s'agit d'une tour constituée d'un module d'étage fait de deux anneaux de panneaux de bois qui passent alternativement l'un à l'intérieur de l'autre à huit reprises pour créer un motif octogonal. Cette démarche consiste à définir des formes ou des surfaces complexes à partir d'un unique élément simple répété selon une logique algorithmique. Elle est caractéristique des architectures paramétriques contemporaines que l'on retrouvera souvent dans les semestres suivants.

Les deux semestres suivants ont eu pour thème la discrétisation des surfaces complexes. À partir de surfaces quelconques qui ne présentent pas de régularité géométrique les étudiants doivent trouver les moyens de discrétiser la forme, c'est-à-dire de la décomposer en petits éléments, par exemple par triangulation, afin d'en déduire un modèle constructible fait d'éléments simples. *V Panel Structure* présente un demi-hyperboloïde découpé en tranches d'environ 1 m perpendiculairement à l'axe du volume. Ces tranches alternent des arcs pentagonaux et hexagonaux, dont le profil transversal forme un V par la liaison de deux panneaux. Ce pli améliore l'inertie du module qui peut alors être réalisé avec des panneaux de faible épaisseur. Ces éléments sont ensuite assemblés à pas décalés de telle sorte que les arêtes des arcs hexagonaux coïncident avec le milieu des faces des arcs pentagonaux.

→ **99** Ce décalage permet d'imaginer la liaison entre les modules par une simple encoche. Il résulte de ce motif constructif une surface texturée au plus proche de l'hyperboloïde, sur laquelle les décalages entre modules offrent une prise de lumière naturelle.

Un principe similaire anime *Discrete Architectural Geometry* qui se présente sous la forme d'un dôme irrégulier décomposé en tranches d'inégale largeur. Chacune est un arc plus ou moins large, composé d'une série de panneaux de bois contrecollé pliés dans le sens transversal du module. Les arcs successifs sont juxtaposés à pas décalés de telle sorte que

→ **100** chaque pli supérieur d'un élément coïncide avec le pli inférieur du suivant. À la rencontre de deux modules, une série de losanges vides forment des sheds. Ici, chaque module pris indépendamment est instable, puisque les plis ne s'opposent pas aux efforts. C'est l'alternance des pas d'un module à l'autre qui assure la rigidité dans un système de réciprocité structurelle, du moins à l'échelle de la maquette.

De manière assez similaire, un autre projet présente une voute décomposée en petits éléments pliés qui s'enclenchent l'un dans l'autre, tête-bêche, pour constituer les claveaux d'un arc. Ces claveaux s'assemblent aussi avec leurs voisins de droite

→ **101** et de gauche pour constituer une surface homogène décrivant une voûte simple à partir de deux petits éléments symétriques dont seul l'angle des encoches varie selon la position du claveau dans l'espace. A nouveau l'espace vide entre les deux éléments de chaque claveau forme une prise de lumière naturelle et offre une texture séduisante.

On citera pour terminer le projet *Building Fabric Look-Out Tower* qui réinterprète l'étonnant schéma statique de trois barres entrecroisées qui ne reposent que sur trois appuis au sol. Il est adapté ici à un motif hexagonal constitué de 12 barres en appuis successifs les unes sur les autres. Ce module constitutif d'un «étage» est ensuite empilé *n* fois avec une rotation à chaque couche, pour brouiller la lecture. La tour présente ainsi une esthétique de nid d'oiseau, à la texture dense et aléatoire à partir d'un unique élément de base.

La question de la géométrie et de la discrétisation des formes complexes domine cette production de «sculptures-structures» spectaculaires, esthétiquement innovantes, assez loin du projet d'architecture conventionnel. En effet, les questions de contexte ou de programme sont très secondaires et ne semblent pas avoir d'autre but que de donner une échelle à ces objets. D'une manière générale les projets tentent de discrétiser des formes complexes par des éléments simples pour en rendre crédible la constructibilité. Enfin, à l'exception de la *Look-Out Tower* dont les barres enchevêtrées pourraient être en bois massif, tous les projets exploitent le potentiel des panneaux de bois industriels, des contreplaqués aux contrecollés. Les structures pliées bénéficient du potentiel de la CFAO pour décrire les découpes géométriques complexes et les réaliser sur des machines numériques à 5 axes (x, y, z, plus deux supplémentaires imitant les axes d'un poignet humain sur la tête porteuse de l'outil afin de réaliser des coupes d'onglets ou des percements de biais dans l'épaisseur des panneaux).

RECHERCHES DE DOCTORAT

Ces recherches exploratoires, menées au sein du studio d'architecture se combinent et/ou se poursuivent scientifiquement au sein du laboratoire de l'Ibois, avec plusieurs thèses en cours ou soutenues. Les sujets des thèses portent autant sur le développement de ces modes constructifs innovants, leurs caractérisations mécaniques, que sur la mise au point des outils numériques nécessaires à leur conception et à leur réalisation.

En 2009, Ivo Stotz, architecte EPFL, a soutenu *Iterative Geometric Design for Architecture*, suivi en 2010 par Gilles Gouaty ingénieur informaticien INSA avec une recherche de doctorat intitulée *Modélisation géométrique itérative sous contrainte*. Ces deux recherches construisent une méthode numérique de discrétisation itérative des surfaces complexes en s'inspirant du mode de génération des géométries fractales. Leur but est de développer des solutions techniques pour le dessin et la production de projets architecturaux complexes se basant sur des géométries non standards. Les deux thèses présentent une série de prototypes réalisés en bois, à grande échelle, au sein du laboratoire. Elles illustrent aussi l'intérêt de la réunion des compétences des départements d'architecture, de mathématiques, d'informatique et d'ingénierie civile.

Hani Buri, architecte EPFL a soutenu en 2010 sa thèse *Origami – Folded Plate Structures* qui porte sur la mise au point de méthodes de modélisation numérique de structures plissées en vue de leur réalisation en panneaux de bois. Elle constitue une analyse architecturale, structurelle et mathématique des structures plissées. Ce travail est complété en 2015 par la thèse de Christopher Robeller, architecte britannique, auteur de *Integral Mechanical Attachement for Timber Folded Plate Structures*, qui élabore des assemblages bois-bois par découpe des bordures des panneaux, à la manière des assemblages à queue d'aronde des menuisiers pour éviter le recours à des connecteurs métalliques rapportés. Ces assemblages sont étudiés en termes de géométrie, de mécanique et d'usinage sur CNC. À nouveau, une série de prototypes réalisée au laboratoire de l'Ibois vient appuyer la démonstration, dont d'intéressants essais sur les assemblages par clips, issus de la plasturgie et transférés vers la construction bois. Ces systèmes offrent notamment la possibilité d'assembler des structures plissées à double épaisseur grâce à des entretoises qui relient les membrures inférieure et supérieure par un simple clipsage.

→ 104
→ 105

Les structures textiles font elles aussi l'objet de recherches approfondies. Markus Hudert architecte EPFL a soutenu en 2013 *Timberfabric: Applying Textile Assembly Principles for Wood Construction in Architecture*. Ce doctorat étudie les conditions de transfert des assemblages textiles sur les panneaux de bois minces ainsi que les différents types de canevas tridimensionnels adaptés à l'élasticité de ces panneaux. Sina Nabaei en a ensuite étudié les caractéristiques mécaniques dans sa thèse *Mechanical Form-Finding of Timber Fabric Structures* en 2015. Cette recherche visait à mettre au point un modeleur numérique de détermination morphologique (« form-finding ») des structures tissées qui intègre les caractéristiques élastiques des panneaux.

→ 106

Ces doctorats capitalisent les connaissances élaborées au sein du laboratoire depuis une dizaine d'année et permettent aux explorations initiales de s'appuyer désormais sur des bases scientifiques. Quatre réalisations, la chapelle Saint-Loup, le pavillon de Mendrisio, le théâtre de Vidy et l'Annen Head Office apportent la preuve à grande échelle de la validité des recherches de l'Ibois.

RETOUR À L'ARCHITECTURE : QUATRE ÉDIFICES DÉMONSTRATEURS

La chapelle Saint-Loup a été construite en 2008 à Pompaples, dans le Jura Suisse, par le bureau d'études SHEL fondé par Yves Weinand et Hani Buri, en partenariat avec l'agence d'architecture Local Architecture, à l'aide des outils et méthodes élaborées à l'Ibois. Il s'agit d'une petite structure plissée irrégulière dont le développé s'inscrit dans un plan rectangulaire. Cette construction est réalisée en panneaux de CLT, de 40 mm d'épaisseur pour les murs et 60 mm pour la toiture qui présente une portée maximale

→ 107 de 9 m. Son modèle informatique unique a servi à la génération de la forme, à son dimensionnement structurel et à la conception des assemblages. Puis il a été traduit en code d'usinage (G-code) pour la découpe sur une machine à commande numérique. Les différents panneaux constituant chacune des faces de cette structure plissée sont réalisés en panneaux de bois contrecollés, assemblés à coupe d'onglet selon les différents angles déterminés par les pliages. Toutefois les assemblages sont encore assurés par de fines platines métalliques continues, sur toute la longueur des plis, sur la face extérieure du volume.

En 2013, l'Ibois présente un nouvel édifice démonstrateur sous la forme d'un pavillon exposé à l'école

→ **108** d'architecture de Mendrisio. Cette construction est intimement liée à la recherche de doctorat de Christophe Robeller. Après Hani Buri qui développait des structures pliées générées par des polylignes brisées, ce prototype explore les propriétés architecturales et techniques de structures plissées d'éléments courbes s'assemblant sur leurs arêtes cintrées grâce à des découpes à queue d'aronde minutieusement adaptées à la complexité géométrique de la situation. Le pavillon de Mendrisio est un simple portique de 13,5 m de portée par 4 m de largeur pour 3 m de hauteur utile. Le toit de ce portique est réalisé en trois parties: les deux panneaux courbes des extrémités, convexes, s'assemblent avec le panneau central, concave. Les deux pignons présentent une courbure concave qui assure la stabilité de l'édifice dans toutes les directions. La double courbure inversée de la toiture offre une rigidité maximale au regard de sa flèche de quelques dizaines de centimètres seulement, avec un rapport portée/épaisseur de $1/170^e$. Les panneaux de bois contrecollés ont été réalisés par l'entreprise allemande Merk. Cinq lits croisés de planches de 15,4 mm ont été collés puis pressés pour former ces panneaux de 77 mm d'épaisseur. Ces panneaux courbes ont ensuite été découpés et usinés sur un centre de taille à commande numérique pour réaliser des découpes des liaisons à queue d'aronde. De la sorte, l'assemblage n'est plus un tiers élément qui unit les deux premiers mais une singularité de la découpe de chaque panneau. Il offre la possibilité architecturale de lignes élégantes évoquant l'esthétique de la menuiserie. Ces assemblages «intégraux» offrent aussi de bonnes caractéristiques mécaniques en répartissant les efforts sur toute la longueur de l'arête tandis que les éléments métalliques ont tendance à concentrer les efforts sur des points particuliers très sollicités.

Enfin, dépassant l'échelle du pavillon, deux projets récents montrent que ces dispositifs constructifs peuvent être utilisés, moyennant d'importantes évolutions, pour réaliser des édifices de grande échelle. Le théâtre de Vidy, au bord du lac Léman près de Lausanne, est en quelque sorte un aboutissement des recherches sur les structures plissées. À la différence de la chapelle Saint-Loup, dont les portées relative-
→ **109** ment modestes pouvaient être franchies avec de simples panneaux de CLT de 60 mm d'épaisseur, les dimensions du théâtre de Vidy ont conduit les chercheurs de l'Ibois à s'intéresser à un système de double coque plissée qui augmente l'inertie de la structure et permet d'atteindre de grandes portées. Yves Weinand expérimente ici à grande échelle ces assemblages bois intégraux, issus notamment des assemblages à queue d'aronde de la menuiserie, déjà testés pour le pavillon de Mendrisio.

L'Annen Head Office à Luxembourg est une halle de production de menuiserie constituée de voûtes à double courbure variant de 6 m à 9 m de largeur. Le décalage des arcs de rives d'un bord à l'autre dégage une importante entrée de lumière à chaque raccordement de voûtes. Ce système, répété 23 fois décrit une grande nef habitable de 5800 m^2 dont la largeur (la portée des voûtes) augmente régulièrement de 23 m à 54 m. Ces grandes portées ont, comme à Vidy, imposé la conception
→ **110** d'un système constructif à double épaisseur, fait de minces panneaux de bois collé, assemblés en caissons rhomboïdaux dont le mode de discrétisation avait été prototypé dans les ateliers de l'EPFL auparavant. Toutes les connexions entre
→ **111** les panneaux sont elles aussi uniquement en bois, sans connecteurs métalliques, grâce à un système

de tenon-mortaise. Ces deux derniers édifices démonstrateurs apportent la preuve que les recherches de l'Ibois sont désormais capables de dépasser le stade théorique du prototype de laboratoire pour concourir à la réalisation de bâtiments de grande échelle.

TRANSFERTS DE TECHNOLOGIES

Les recherches de l'Ibois sous la direction de Julius Natterer, prédécesseur d'Yves Weinand, avaient, de la fin des années 1970 au début des années 2000, fait entrer la construction bois dans la modernité. D'un matériau archaïque, laissé pour compte par les architectes et les ingénieurs de la première moitié du XXe siècle, le bois est devenu performant, capable de rivaliser avec l'acier ou le béton, notamment grâce au développement industriel du bois lamellé collé à partir des années 1960. Mais cette ingénierie du bois a essentiellement opéré par transfert des connaissances acquises précédemment dans le domaine de la charpente métallique. Les barres de bois lamellé-collé étaient assemblées par des connecteurs métalliques, en rupture avec les traditions de la charpenterie traditionnelle. Ces barres pouvaient tout aussi bien être en acier ou en béton, sans spécificité morphologique entre le matériau, la structure et la forme architecturale. Le constat contemporain est que ces connecteurs métalliques sont les éléments onéreux d'un devis de charpente. D'autre part, en transférant les efforts de manière ponctuelle, localisée, ils les concentrent en des points singuliers de la structure, ce qui entraîne souvent un surdimensionnement des pièces de bois, ensuite appliqué à l'ensemble de la pièce. La section d'une poutre de bois est souvent dimensionnée par la nécessité d'avoir assez de « gras » autour de l'assemblage pour assurer le transfert des efforts entre le bois et le métal.

Le pari d'Yves Weinand est désormais d'inventer des structures en bois qui ne soient plus dépendantes des assemblages métalliques. Grâce au développement industriel des panneaux de CLT depuis le début des années 2000, les recherches de l'Ibois opèrent désormais par transferts des méthodes d'assemblage de la menuiserie (queue d'aronde, tenon-mortaise etc.) appliquées à des surfaces continues. Ces connexions bois-bois permettent de transférer les efforts sur toute la ligne de jonction entre deux éléments plutôt qu'en des points singuliers. Ces assemblages restant mécaniquement plus faibles qu'un connecteur métallique, il est nécessaire de diffuser les efforts sur tout le linéaire des pièces. Il est alors assez logique qu'une conception hier faite de barres et de nœuds cède la place à des conceptions faites de panneaux assemblés sur leur tranche pour les structures plissées ou à caissons, ou bien bénéficiant de très nombreux points de friction dans le cas des structures tressées. Cette démarche procède par transfert de savoirs connus dans les domaines de la vannerie, de la menuiserie ou de l'origami. Les architectures qui en découlent ne sont plus des squelettes qu'une enveloppe viendra plus tard habiller sans participer à leur stabilité mais des surfaces continues et rigides, qui tirent leur résistance mécanique de leur géométrie. Reste alors à discrétiser intelligemment ces surfaces complexes pour qu'une fois reliés entre eux, les éléments simples qui les composent en restituent la continuité formelle et mécanique. La maîtrise de la géométrie de ces surfaces, de leurs conditions de discrétisation et du réassemblage des multiples éléments en une surface complexe n'est envisageable que parce que nous bénéficions désormais d'outils informatiques qui réduisent significativement l'impressionnant labeur de dessin et de calcul nécessaire à ce travail. Il n'en reste pas moins que la mise au point de ces modèles numériques qui contiennent toute la conception, de sa forme générale jusqu'aux procédures d'usinage des panneaux, représente un investissement beaucoup plus important que celui nécessaire à l'élaboration d'une charpente conventionnelle.

DES MODÈLES SOUPLES

Selon Yves Weinand, le caractère paramétrique des modèles de conception ne fige plus les formes mais détermine ce qu'il nomme un génotype, c'est-à-dire un intervalle de possibilités à l'intérieur duquel un type de forme et un mode constructif sont cohérents et dont il sera possible d'extraire de nombreuses formes individuelles qu'il nomme les phénotypes, comme autant d'«arrêts sur image». Les robots de taille à commande numérique permettent ensuite de réaliser les découpes les plus sophistiquées à partir des nomenclatures de pièces extraites du logiciel de conception pour autant que le modèle numérique ait prévu dès le départ les modalités de discrétisation de la forme générale et qu'elle ait été conçue à partir de ces modalités. Il voit dans ces outils la possibilité d'inventer un nouvel âge – numérique – des structures en bois, après ceux de l'artisanat et de l'industrie. Conscient que le travail nécessaire pour mettre au point ce type de modèle paramétrique est immense et se justifie difficilement en termes économiques, il propose de voir dans le génotype un modèle souple, paramétré une fois pour toutes, et dont l'intervalle de validité pourrait couvrir un large spectre de besoins, s'adapter à des échelles, à des programmes ou à des contextes variés. Cette idée, encore très théorique il y a moins de 10 ans, s'avère de plus en plus crédible au regard des développements de capacité de calcul des ordinateurs et des progrès en cours dans le domaine des algorithmes génétiques. Ses effets sur la conception architecturale seront sans aucun doute révolutionnaires et nous n'avons peut-être pas encore perçu tout ce que cela implique pour le métier d'architecte dans l'avenir. Une poignée de laboratoires, dont l'Ibois, sont en train d'en esquisser les contours.

ET APRÈS ?

Ces travaux sur le continuum numérique se poursuivront à l'EPFL dans le cadre du prochain programme de recherche qui court jusqu'en 2026. Ils prendront des formes nouvelles en relation étroite avec les exigences environnementales de plus en plus fortes, en donnant une place importante à la matière brute, non transformée industriellement. Ainsi, l'Ibois a déjà commencé à imaginer des structures réciproques faites de simples troncs d'arbre, assemblés sur eux-mêmes par un dispositif de tenon-mortaise. Les structures ordinaires, héritées des charpentes *balloon frame* nord-américaines seront aussi réinterrogées pour faire l'économie des vis, clous et autres connecteurs métalliques, au bénéfice d'assemblages bois-bois. Au-delà des structures elles-mêmes, l'Ibois a aussi choisi de se pencher sur les questions des membranes d'étanchéité presque toujours réalisées à partir d'hydrocarbures alors qu'il existe désormais des pistes pour les fabriquer à partir de matériaux biosourcés comme l'écorce de bois ou la fibre de chanvre. Enfin, Graal de la construction bois, des recherches sur le soudage du bois permettront peut-être, dans un proche avenir, d'imaginer la disparition des colles qui n'ont jamais réussi à convaincre de leur innocuité sur la santé. Le nouveau cycle qui s'ouvre s'avère d'ores et déjà passionnant.

LE THÉÂTRE SORTI DU BOIS

Yann Rocher

Le spectateur d'aujourd'hui ne peut guère s'y tromper : en prenant place à la Kantina de Vidy-Lausanne, au foyer de Nanterre-Amandiers ou à celui du Young Vic de Londres, l'accueil de nombreux théâtres est désormais placé sous le signe d'un matériau dont les déclinaisons en mobiliers et parois incarnent la nouvelle convivialité : le bois clair. Certes le bois, si constitutif de la construction du théâtre depuis ses origines, et bien qu'un temps réprouvé au motif de sa combustibilité, n'a jamais véritablement quitté les salles. Il suffit pour s'en convaincre de penser à la multitude d'auditoriums entièrement tapissés des plus diverses essences, du Walt Disney Hall au Mariinsky III en passant par l'Opéra de Glyndebourne et dernièrement la Seine Musicale à Boulogne. Mais ce matériau, aussi concret que symbolique, aussi archaïque que contemporain, est également le marqueur d'une plus profonde mutation en jeu dans les lieux scéniques actuels. Car plusieurs édifices, dont le Pavillon d'Yves Weinand au Théâtre Vidy-Lausanne est un éminent porte-étendard, généralisent l'usage du bois jusqu'à en faire un manifeste.

Une minutieuse enquête sur ce phénomène oblige à revenir un instant sur l'histoire du bois au théâtre, et son lot de spécificités : de tout temps le lieu de spectacle est d'abord un plancher de scène et des tréteaux, un « O de bois »[1] pour reprendre les mots de William Shakespeare, une surface vivante dont la porosité autorise l'apparition, l'élasticité accueille le pas de danse, les saignées guident le jeu de coulisses. C'est de plus, dès l'Antiquité puis à nouveau à la Renaissance, un endroit où le public est rangé dans les grandes structures en bois que sont les gradins et les loges. Au sein de la vaste fresque de l'ameublement humain qu'implique cette idée, notons que Sebastiano

Serlio et Giovan Battista Aleotti fournissent les premiers modèles à l'Occident moderne pendant que le kabuki, aux antipodes, invente ses propres charpentes rituelles ainsi que le principe de stalles horizontales connues sous le nom de *masu-seki*. Le théâtre élisabéthain et le théâtre à l'italienne complètent plus tard la chronique en verticalisant l'architecture de salle, tandis qu'une machinerie exclusivement de bois vient équiper peu à peu la cage de scène. Mais la prépondérance du bois dans la structuration des théâtres ne dure qu'un temps, la fonte, l'acier et le béton armé constituant bientôt des alternatives jugées plus stables et résistantes. À de très rares exceptions près – parmi lesquelles il faut compter le Theatre Concert Hall des Saarinen et Robert Swanson à Tanglewood[2] et une poignée de théâtres du peuple que nous évoquerons plus bas – le XXe siècle s'inscrit pleinement dans cette dynamique. Ce n'est que très récemment, au fond, qu'un renversement est initié par ce qu'il serait tentant d'appeler les « partisans du tout bois », dont le premier acte se situe à proximité de Vidy, sur l'autre rive du lac Léman : en 1993 Patrick Bouchain a en effet l'idée de construire la Grange au Lac, une salle de 1132 places pour Mstislav Rostropovitch et les rencontres musicales d'Évian, où structure et finitions acoustiques forment une immense « tente en bois »[3]. Les nombreux théâtres qu'il signe au cours des décennies suivantes, fruits d'une même culture foraine du temporaire et du démontable, abandonnent résolument tout apprêt pour plonger le public

---

1 William Shakespeare, *King Henry V*, in *Complete Works*, Spring Books, Londres, 1967, p. 444.
2 *L'Architecture d'aujourd'hui*, mai 1949, p. 19–21.
3 Bernard Marrey, *La Grange au lac*, Éditions du Linteau, Paris, p. 14.

dans des atmosphères de chantier et d'envers du décor. Le bois peut autant y servir d'échafaudage à percher l'assemblée qu'à matérialiser des équipements scéniques tels que les ponts lumière, et contribuer ainsi à l'image d'un espace évolutif et en création[4]. En somme, le «tout bois» revient à supprimer la séparation induite par le fini de la salle décorée, provoquant les conditions d'une immersion. Or dans les dix dernières années, ce phénomène est perceptible dans des réalisations aussi différentes que le Théâtre provisoire d'Alain-Charles Perrot pour la Comédie-Française, celui que David Rockwell érige pour les conférences TED à Vancouver, la réinterprétation du Théâtre élisabéthain par Andrew Todd au château d'Hardelot, et bien entendu le Pavillon de Vidy, sorte d'apothéose du «tout bois» puisque son enveloppe est exempte de toute autre matière.

Qu'on le veuille ou non par ailleurs, les lieux théâtraux ont toujours été chargés de métaphores spatiales extrêmement typées : œil, grotte, bouche, place ou ciel… mais aussi clairière, canopée et instrument musical, qui concernent de très près notre affaire de bois. Car dans la mesure où la tradition architecturale a constamment fait de l'arbre l'ancêtre de la colonne, il est légitime de lire le vide de la salle et la colonnade qui le borde comme une possible ouverture dans la forêt. Comment ne pas y songer face aux scénographies de lisière déployées dans certaines salles ? Il y aurait à ce titre plusieurs genres de clairière théâtrale : le premier, confortant la relation frontale au jeu, consiste à situer le plateau au-delà du cercle arboré, ce qu'illustre à merveille le dispositif boisé avec style à la Volksbühne de Berlin. Le deuxième est plus perméable, et voit le jeu se répartir à cheval sur la clairière, tel que le schématise très bien le théâtre élisabéthain ou la transformation par Peter Brook des Bouffes du Nord à Paris.

→ 117 Le troisième circonscrit scène et salle dans deux clairières qui s'intersectent, rare configuration développée dans le premier Goetheanum où l'organicité du bois est exaltée par le recours mystique à sept essences[5]. Le quatrième est tout simplement l'intégration d'un vrai rideau sylvestre au lointain, qu'il soit à l'intérieur même de la salle, façon Évian, ou révélé par des ouvertures,
→ 118 à l'instar du Théâtre du peuple de Bussang ou du récent Salon de Musique de Valery Gergiev à Repino. Le cinquième, enfin, plus proche encore du réel de la forêt, repose sur les théâtres plantés d'autrefois, dont les transpositions végétales, au
→ 119 jardin royal de Herrenhausen en particulier[6], refabriquent la clairière de toutes pièces... Ce catalogue pourrait sans doute s'allonger, mais la symbolique végétale ne s'arrête pas là, certains architectes assimilant la canopée des arbres à un modèle de salle. Pour preuve, revenons sur le cas d'Auguste Perret au Théâtre des Champs-Élysées : dans un texte rétrospectif de 1938, il explique s'être fondé sur l'expérience enthousiasmante, à Lourdes, d'un concert de pèlerins entendu sous des feuillages pour décider de perforer la coque de la salle « dans la même proportion que ce couvert d'arbres »[7]. Si un inexorable

---

4   Voir à ce sujet : Pauline Rappaz, « Les Plateaux, théâtres atomisés » et Christophe Catsaros, « Les théâtres en bois de Patrick Bouchain », in *Tracés*, janvier 2014, p. 14 – 21.

5   Vittorio Leti Messina, *Rudolf Steiner architetto*, Testo & Immagine, Turin, 1996, p. 39.

6   Rudolf Meyer, *Hecken- und Gartentheater in Deutschland im XVII. und XVIII. Jahrhundert*, H. et J. Lechte, Emsdetten, 1934, p. 124 et suiv.

7   Auguste Perret, « Le théâtre », in *L'Architecture d'aujourd'hui*, septembre 1938, p. 9.

« canopy » est de nos jours suspendu au-dessus de toutes les grandes scènes dans l'espoir d'un pareil miracle acoustique, il ne faut plus voir de cette tradition que le nom. Et seuls quelques concepteurs, en définitive, s'amusent encore à l'explorer et la manier explicitement au plafond de leur salle de bois : à Évian toujours, le parterre est à l'ombre d'une gigantesque frondaison d'Alucobond, tandis que l'Auditorium du Grand Avignon de Xavier Fabre et Vincent Speller, sur plan folié, dévoile à la salle les nervures de sa charpente.

La métaphore d'instrument musical, quant à elle, est à la fois plus répandue et sujette à caution. Au détour de la somme *Theater Design* par exemple, George Izenour ne se prive pas de stigmatiser la croyance selon laquelle le bois serait bénéfique à la construction des théâtres comme il peut l'être à la lutherie[8]. On peut comprendre que ce mythe de l'auditorium-instrument a la peau dure tant il est ancestralement ancré dans les théories et discours sur les salles, qu'il s'agisse de Vitruve – plaidant la contribution de vases acoustiques à son prototype de théâtre – ou d'un facteur d'instruments plus proche de nous tel qu'Adolphe Sax, lorsqu'il se met à projeter des lieux dotés de « conduits artériels »[9] analogues à la perce de ses instruments à vent. Il n'est donc pas étonnant que les salles en bois puissent être souvent comparées à une caisse de résonance : ainsi de René Morax à propos de son Théâtre du Jorat à Mézières, à une encablure de Vidy, considérant a posteriori que « sa vaste nef de sapin doré comme la carène d'un navire a gardé sa sonorité de violon » ; Alfred Cortot se rappelant la promesse de Perret de concocter pour l'École normale de musique « une salle qui sonnera comme un violon », et concluant, sur la foi de la membrane d'okoumé parant son amphithéâtre et sa conque, « que ce violon est un Stradivarius »; ou encore Bouchain estimant qu'à Évian « on entre dans la salle comme on ouvre un coffret d'instrument de musique »[10]. À première vue, ces descriptions imagées sembleraient ne concerner que le lieu d'écoute ou, pire, n'alimenter qu'une confusion entre acoustique musicale et acoustique des salles, pourtant très différentes. Mais elles renvoient en réalité au problème plus fondamental de ce qui pourrait être surnommé la « discontinuité de la boîte théâtrale ». Car derrière cette vision idyllique d'un public contenu dans la poche harmonieuse d'un seul matériau magique et vivant, il ne faut pas oublier que le théâtre est éternellement confronté à d'épineuses questions d'unité d'espace et de volume : un œil à la coupe sur l'Opéra Garnier, par exemple, et comment ne pas être frappé par l'écrin autonome de la salle, centre d'une immense enveloppe avec laquelle il n'entretient néanmoins pas de lien ? N'est-il pas en outre étonnant de vouloir faire fusionner dans le spectacle en articulant deux volumes aussi différents et disjoints qu'une cage de scène excroissante et une salle concave ? Et ne faut-il pas voir en définitive, dans cette séparation extrême entre enveloppe et salle et entre salle et scène, un comble de la distance ? Précisément le genre de distance qui met en crise les lieux dédiés au théâtre, pousse

---

8 George C. Izenour, *Theater design*, McGraw-Hill, 1977, New York, p. 539.
9 Yann Rocher, *Théâtres en utopie*, Actes Sud, Paris, 2014, p. 56-57.
10 Respectivement : Rebecca Lyon, « Mézières, un théâtre à la campagne », in *Revue musicale de Suisse romande*, juin 1997, p. 28 ; Joseph Abram, « La salle Cortot. L'intérieur d'un violon », in *Monuments historiques*, juillet-août 1991, p. 64 ; Patrick Bouchain, *Histoire de construire*, Actes Sud, Paris, 2012, p. 143.

des créateurs à fuir vers des lieux plus simples tels que les halles abandonnées, et que les constructeurs de théâtres en bois, à leur manière, cherchent à réduire ou supprimer?

À ces questions le Pavillon de Vidy, d'une jauge de 250 places très propice aux expérimentations de l'Ibois, livre une réponse particulièrement tranchée: elle se présente comme une composition virtuose dont les principes, fort liés aux enjeux d'enveloppe que nous venons d'évoquer, soumettent clairement la boîte théâtrale à une double simplification: scène et salle, d'abord, sont unies sous une seule et même peau. Et ses effets de plis, suffisamment abstraits et changeants selon les points de vue, dégagent une équivoque force d'expression. On pense d'emblée à un monolithe dans l'esprit des maisons du peuple défendues jadis par les frères Luckhardt[11]. À ceci près qu'au lieu de faire l'apologie de la montagne par un expressionnisme de masse et de plein, la tectonique est ici assumée par un assemblage à sec d'éléments. Puis l'attention se porte sur le système de «plis antiprismiques», et sa double courbe plus régulière et élaborée que l'origami de la Chapelle des diaconesses à Pompaples, qui s'apparente davantage à un instrument d'optique: un peu comme si le public siégeait dans une succession de châssis de coulisses, voire le soufflet d'une chambre photographique. L'essentiel du jeu d'enveloppe, toutefois, réside dans deux mouvements en opposition: d'une part le paramétrage géométrique de ses plis, sur mesure, ayant vocation à absorber dans son modèle tous les problèmes rencontrés dans le geste de couvrir le théâtre d'un seul trait; et d'autre part ce modèle ne pouvant nécessairement prendre en charge qu'un nombre limité d'exceptions, et encore moins la complexité de son contenu, c'est-à-dire le dispositif de salle à proprement parler. Aussi le manteau plissé revient-il à offrir l'équivalent d'une arche de bois, garantissant un face-à-face libre entre la salle et la scène, tout en s'en détachant. Il n'est ensuite pas anodin de savoir qu'à l'actuel emplacement du Pavillon se trouvait un chapiteau de cirque. Car c'est dans cette descendance au final que l'édifice opère une deuxième «simplication», cette fois entre enveloppe et salle : par son épais manteau de bois, infiniment plus pur que les habituelles peaux composites, il marque en premier lieu un indéniable jalon dans l'impossible quête d'une «confortable légèreté» : ce désir, depuis l'antique chariot de Thespis, de faire théâtre dans des conditions commodes sans qu'elles ne soient pourtant pesantes. Une contradiction que la toile des chapiteaux par exemple, bien que merveilleusement simple, flexible et conviviale, n'a jamais su résoudre, sa minceur défavorisant le contrôle acoustique et thermique. Jean-Louis Barrault en fait l'expérience en son temps : après plusieurs mois passés sous chapiteau dans l'ancienne gare d'Orsay à Paris, le metteur en scène pérennise sa présence au moyen d'un théâtre intégralement en bois, dont la charpente en lamellé-collé, en exergue au-dessus du public, lui fait soutenir que «la forme de la salle tient du chapiteau et de la grange»[12].

→ 122

La grange, décidément, est une clé de lecture de notre investigation, et pas seulement pour ce précédent ou celui d'Évian. Parce que dans son esthétique teintée de rusticité, le manteau de bois du Pavillon de Vidy renvoie en

---

11 En particulier la Volkshaus dessinée par Hans Luckhardt vers 1920.
12 Jean-Louis Barrault, «Le théâtre d'Orsay», in *Techniques & architecture*, août-septembre 1976, p. 59.

→ **123** second lieu à un genre dont la grange est incontestablement l'archétype : le théâtre populaire montagnard. S'il fallait résumer cette branche reculée de la généalogie des lieux scéniques, nous dirions qu'elle naît à la fin du XIXe siècle et se ramifie de plusieurs façons : les théâtres du peuple initiés par Maurice Pottecher à Bussang et Gérardmer, auxquels Mézières se rattache avec certitude [13] ; ceux consacrés au jeu de la Passion dans le sillage d'Oberammergau, avec de hauts représentants à Selzach, Erl ou Thiersee ; l'ancienne Tellspielhaus d'Altdorf, à la connotation plus nationaliste ; sans oublier d'improbables déclinaisons de la teneur du Deertrees Theatre d'Harrison, dont le style Adirondack n'est ni plus ni moins qu'une traduction américaine du chalet suisse. Or ce qui domine dans toutes ces constructions mettant le bois à l'honneur, c'est une sorte d'opposition au théâtre bourgeois. Étroitement liée au paysage, la volumétrie ample et souvent fantasque de leur toiture renferme un intérieur délibérément fruste et rudimentaire. Rien d'autre que le bois, avec parfois le seul luxe d'un lambris, maigre compensation d'une fine enveloppe en prise directe avec le climat montagneux, et donc uniquement adaptée aux beaux jours. Dans le troc de l'or et du stuc pour le madrier et le chevron, ne reste alors d'ostentatoire que le spectacle d'une charpente du peuple pour le peuple [14]. Par comparaison, le dépouillement du Pavillon de Vidy n'est

→ **124** pas vraiment de même nature, et ce en vertu du paradoxe suivant : la simplicité et l'efficacité de matière qu'il démontre repose sur une menuiserie automatisée d'une très grande sophistication ; et cette sophistication permet le coup de force de panneaux pliés jouant le rôle de charpente et de parement simultanément. Comme dans le théâtre populaire cependant, l'intention du projet est bien de donner «à lire la manière dont le bâtiment a été construit», idée que Weinand défend au point de formuler également que «la démarche de construire ce bâtiment sera la scénographie»[15]. Là où certains se perdent dans le fantasme d'une architecture aussi machinique que la scène ou aussi théâtrale que le jeu, l'architecte fait de l'enveloppe de la salle un théâtre technologique du bois, et une forme de retrait: l'intérieur exhibe la plastique d'articulation des portiques et une science géométrique des arêtes, et voilà que l'on pense à une version démesurée et végétale des muqarnas de l'Alhambra, la dentelure de ses doubles tenons, de son côté, relèverait plutôt de la haute couture... Didactiques, ces composants énoncent une histoire d'assemblages, franchissements, distributions des forces et descentes de charges, dans la plus pure tradition de l'architectonique narrative. Mais à la différence de

→ 125 Bouchain, l'histoire en question n'est pas tant l'envers du décor que le revers du manteau, la sous-jacente fabrique d'une enveloppe indépendante du plateau, discrètement tenue à distance: par le biais d'une lasure fonçant le bois tout en laissant visible son grain, ses parois se distinguent de la tendance théâtrale à simuler la matière par le truchement de la lumière.

13 Rebecca Lyon, *op. cit.*, p. 19. Voir aussi Sandrine Dubouilh, *Une architecture pour le théâtre populaire 1870-1970*, Éditions AS, Paris, 2012, p. 48-53.
14 Il faut également signaler, près de Lausanne, l'étonnant cas du Théâtre de Baulmes, situé dans la charpente de l'hôtel de ville.
15 Yves Weinand (dir.), *Le Pavillon en bois du Théâtre de Vidy*, Presses polytechniques et universitaires romandes, Lausanne, 2017, p. 87-88.

Ce qui pourrait ne sembler qu'un détail constructif est en vérité beaucoup plus significatif que ça. Rappelons-nous simplement la réaction de Brook au moment de sa découverte des Bouffes du Nord, constatant devant l'usure du lieu que «l'épiderme ‹culturel› des finitions architecturales avait été entièrement cautérisé »[16]. Une remarque qui montre à quel point les artistes peuvent identifier la matière même des salles à un vernis historique pesant, une présence factice risquant d'interférer avec la représentation théâtrale. L'épiderme des salles de spectacle, en ce sens, est le nécessaire papier révélateur d'une société et d'une époque, sur lequel les créateurs s'appuient avec plus ou moins de fortune afin de délivrer leur propre photographie. Et pour peu que ce papier soit trop imprégné de codes, la tentation devient grande de l'alléger en faisant comme les théâtres populaires: un acte de pauvreté. Dans cette optique, la mise à nu du bois dans le Pavillon de Vidy reviendrait à déshabiller la salle de ses oripeaux, renouer avec la surface vraie de la peau, et offrir au jeu le retour à une espèce de «scène primitive». La matière brute du Pavillon, néanmoins, ne se rapporte pas qu'à cette aspiration esthétique de la théâtralité. C'est aussi et avant tout la revendication d'un usage vertueux du bois, et l'affirmation qu'un lieu scénique peut faire l'objet d'un discours militant sur la durabilité en architecture. En cela Weinand n'est bien sûr pas complètement pionnier, même si la plupart de ses prédécesseurs sont nettement moins innovants dans le mode de construction que dans le réemploi et l'économie, où ils trouvent parfois des trésors de dénuement: citons par exemple, en 2010, le projet d'opéra que Jacques Plante et Pascale Pierre imaginent à base de palettes de manutention; ou encore, en 2014, le Rosey Concert Hall que Bernard Tschumi dresse à Rolle à partir de panneaux de particules orientées, dont l'unique faste est une finition poncée et huilée. La singularité du Pavillon, en fin de compte, tient à une méthode radicale autour du bois qui se répercute à tous les niveaux : dans la lignée de Max Bill et sa démonstration par le Théâtre de Vidy d'un bâtiment éphémère ingénieux ayant perduré, le projet fait appel à la machine et à la préfabrication à un degré tel que tous les aspects de l'art de bâtir se plient à une seule procédure globale. La contrainte de cette rationalisation extrême, toutefois, est compensée par une modulation poussée aux limites de la flexibilité, puisque par exemple aucune des 304 plaques du manteau n'est identique. La condition technologique du projet est donc première, totale, mais elle est plus généralement pensée pour faire du matériau bois un vecteur de rapprochement, d'économie et d'intégration : elle permet de se tourner vers des ressources naturelles locales dans l'esprit de l'Expo 64 de Lausanne et sa promotion de la sylviculture ; de défendre la solution d'un édifice biosourcé et presque entièrement réversible ; et de susciter un cadre suffisamment ouvert et expérimental pour qu'un laboratoire, un théâtre et une entreprise s'impliquent dans une version contemporaine et high-tech de *barn raising*.

Nul doute que le Pavillon de Vidy et les théâtres en bois d'aujourd'hui cherchent à retrouver un lien perdu à la nature. Si cette question obsédant notre époque est loin de leur être propre, elle prend une coloration tout à fait spécifique dès que l'on retrace à grands traits les relations du lieu théâtral à la nature dans l'histoire. Notre hypothèse

---

16 « The ‹cultural› skin of architectural finish had been cauterized away », voir : Andrew Todd, Jean-Guy Lecat, *The Open circle. Peter Brook's Theatre Environments*, Palgrave Macmillan, New York, 2003, p. 6.

pour finir l'enquête serait la suivante : à l'harmonie initiale de la *cavea* antique intimement liée à la topographie et au paysage auraient succédé deux ruptures consécutives. La première aurait d'abord eu lieu à partir de la Renaissance et du théâtre à proscenium, ce dont témoigne Theodor W. Adorno lorsqu'il commente l'unité perdue de la réalité et de la scène et observe que « depuis longtemps la coupole s'est refermée sur tout cela [...], sans permettre au regard de contempler le ciel »[17]. N'auraient alors subsisté dans les salles que des métaphores spatiales telles que cette coupole du ciel, la colonnade de la forêt déjà évoquée, ou encore le cyclorama de l'horizon. La deuxième, plus récente et en dépit d'appels à assainir l'art au contact de la nature comme le suggère Pottecher à Bussang, serait apparue avec la modernité du XXe siècle. Car l'abstraction et l'industrialisation à outrance auraient fini par purger la majorité des salles de spectacle de toute subsistance naturelle, réelle ou symbolique. Malgré la conscience écologique actuelle, il faut reconnaître que la plupart des théâtres récents n'échappent pas vraiment à cette dernière tendance. Et pour de multiples raisons, parmi lesquelles leur situation urbaine, la complexité de leur programme et la lente évolution de leur modèle, ils n'établissent que très peu de relations privilégiées à la nature. Face à ce constat, le renversement opéré par le projet du Pavillon de Vidy consiste à produire une salle en ne s'appuyant que sur le bois et une technologie de pointe. Il instaure un rapport plus intelligent et soutenable à la ressource naturelle et apporte ainsi une réponse par la matérialisation et la mise en œuvre. La question d'une nouvelle relation spatiale à la nature par le dispositif théâtral, quant à elle, demeure entièrement posée.

→ **128**

Même si elle est implicite depuis quelques années dans les recherches de Philippe Quesne et Bruno Latour à Nanterre-Amandiers, il reste encore, de ce théâtre en bois ou d'une autre matière, à semer les plants.

17 Theodor W. Adorno, « Histoire naturelle du théâtre », in *Musique en jeu*, mai 1974, p. 4.

PLEATS PLEASE? –
LES ARCHITECTURES
SECRÈTES DE
L'OPÉRA DE SYDNEY

PLEATS PLEASE? –
THE SECRET
ARCHITECTURE OF
THE SYDNEY
OPERA HOUSE

IMAGES

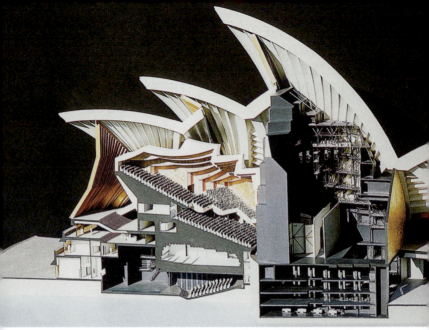

Maquette coupée du grand auditorium, 1964.

Cut model of the large auditorium (Major Hall), 1964.

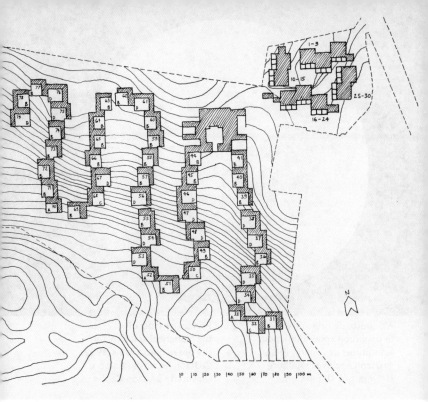

Principe « additionnel »
des maisons à patio
de Fredensborg (1959–1963).
© Utzon Archives / Aalborg
University & Utzon Center

Adding principle of
the Fredensborg patio houses.
© Utzon Archives / Aalborg
University & Utzon Center

Maquette de principe de
la « solution sphérique » pour
les toitures de l'opéra, 1962.
© Utzon Archives / Aalborg
University & Utzon Center

Principle model of
the 'spherical solution' for
the opera house roofs, 1962.
© Utzon Archives / Aalborg
University & Utzon Center

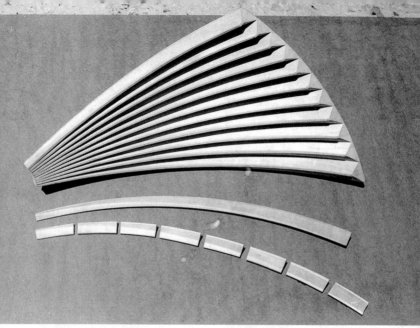

Maquette de principe d'une demi-voûte : nervures, segments, 1962).
© Utzon Archives / Aalborg University & Utzon Center

Principle model of a half vault: ribs, segments, 1962.
© Utzon Archives / Aalborg University & Utzon Center

Pleats please? – The secret architecture of the Sydney Opera House

Pose de panneaux carrelés
sur les segments des nervures
de superstructure.
Photo : Max Dupain

Tiled panels laying on the segments
of the superstructure ribs.
Photo: Max Dupain

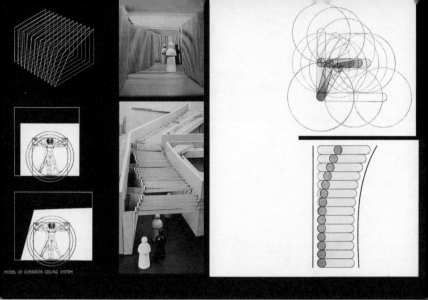

Principe des revêtements
en contreplaqué
des couloirs du socle.
Zodiac 14, 1965.

Principle of the plywood
cladding of the base corridors.
Zodiac 14, 1965.

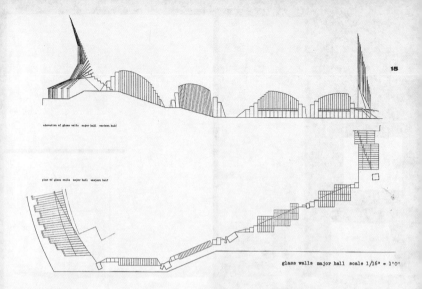

Recensement des différents emplacements et configurations du système de façades vitrées sur une élévation latérale.
Jørn Utzon, *Yellow Book*, 1962

Inventory of the different locations and configurations of the glazed façade system on a side elevation.
Jørn Utzon, *Yellow Book*, 1962

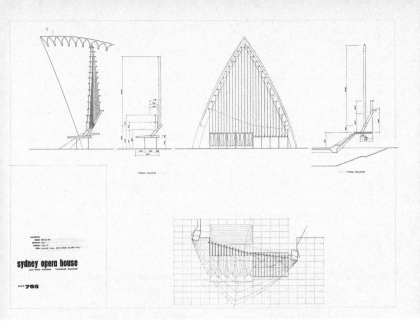

Premières études en plan, coupe et élévation de la façade sud du petit auditorium, datées du 30 juin 1962.
© Utzon Archives / Aalborg University & Utzon Center

First plan, section and elevation studies of the south facade of the small auditorium, dated June 30, 1962.
© Utzon Archives / Aalborg University & Utzon Center

Pleats please? – The secret architecture of the Sydney Opera House

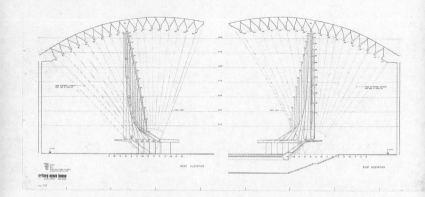

Planches d'étude des façades vitrées, datée du 19 août 1964.
© Utzon Archives / Aalborg University & Utzon Center

Study plates of the glazed facades, dated 19 August 1964.
© Utzon Archives / Aalborg University & Utzon Center

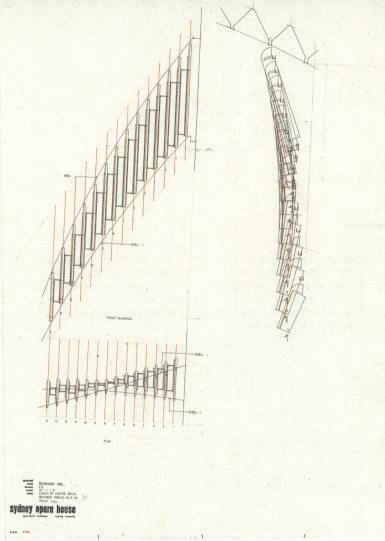

Élévation, coupe et plan de détail des façades vitrées entre deux coquilles, septembre 1965.
© Utzon Archives / Aalborg University & Utzon Center

Elevation, section and detail plan of the glass facades between two shells, September 1965.
© Utzon Archives / Aalborg University & Utzon Center

83 Pleats please? – The secret architecture of the Sydney Opera House

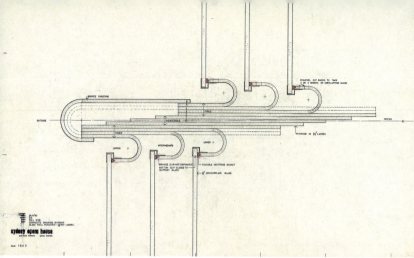

Étude en plan à échelle 1
d'un meneau en contreplaqué
à sa jonction avec les vitrages,
25 novembre 1963.
© Utzon Archives / Aalborg
University & Utzon Center

Scale 1 plan study of a plywood
mullion at its junction with
the glazing, November 25, 1963.
© Utzon Archives / Aalborg
University & Utzon Center

Pleats please? – Les architectures secrètes de l'opéra de Sydney

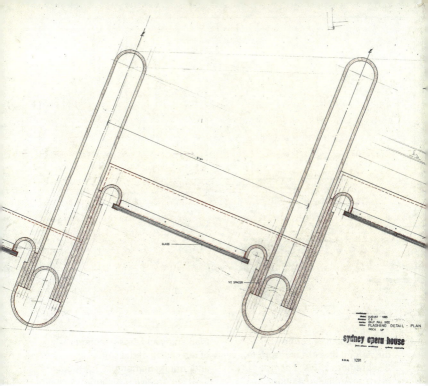

Plan de détail d'une façade, destiné à la construction d'un prototype, août 1965.
© Utzon Archives / Aalborg University & Utzon Center

Detail plan of a façade, intended for the construction of a prototype, August 1965.
© Utzon Archives / Aalborg University & Utzon Center

85 Pleats please? – The secret architecture of the Sydney Opera House

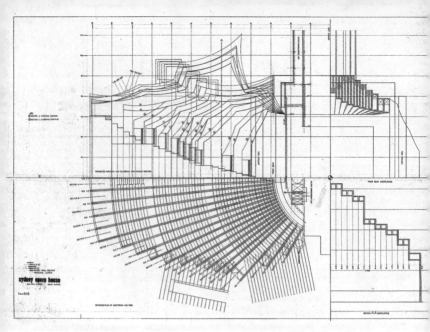

Étude en plan et coupe
du plafond du petit auditorium,
3 septembre 1963.
© Utzon Archives / Aalborg
University & Utzon Center

Plan study and cross-section
of the ceiling of the small
auditorium, September 3, 1963.
© Utzon Archives / Aalborg
University & Utzon Center

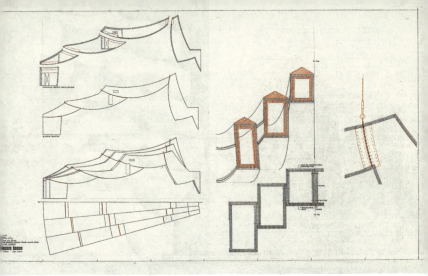

Planche destinée à la construction d'un prototype de poutre-caisson pour le petit auditorium, 24 août 1965.
© Utzon Archives / Aalborg University & Utzon Center

Plank for the construction of a prototype box beams for the small auditorium (Minor Hall), August 24, 1965.
© Utzon Archives / Aalborg University & Utzon Center

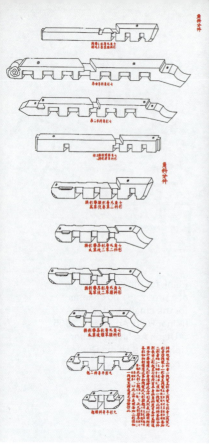
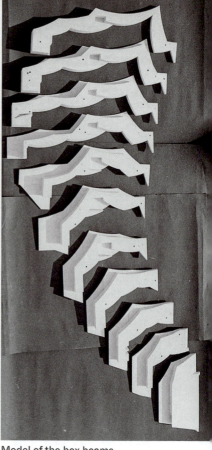

Maquette des poutres-caissons nécessaires à la construction du plafond acoustique du petit auditorium et (à gauche), planche du traité chinois Ying Zao Fa Shi (cc.1100).
© Utzon Archives / Aalborg University & Utzon Center, montage © Pr Chen-Yu Chiu

Model of the box beams necessary for the construction of the acoustic ceiling of the small auditorium and (on the left), a plate excerpted from of the Chinese treaty Ying Zao Fa Shi.
© Utzon Archives / Aalborg University & Utzon Center, montage © Pr Chen-Yu Chiu

Pleats please? – Les architectures secrètes de l'opéra de Sydney

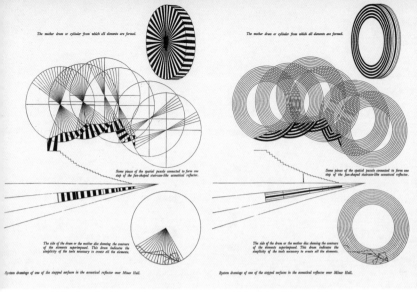

Principe de décoration «organique» des auditoriums.
Zodiac 14, 1965.

Principle of 'organic' decoration of auditoriums.
Zodiac 14, 1965.

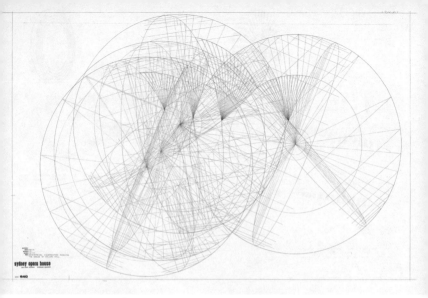

Principe de la solution sphérique pour les superstructures, février 1962.
© Utzon Archives / Aalborg University & Utzon Center

Principle of the spherical solution for superstructures, February 1962.
© Utzon Archives / Aalborg University & Utzon Center

Principe de génération du plafond
acoustique des auditoriums.
© Utzon Archives / Aalborg
University & Utzon Center

Principle of generation of the
acoustic ceiling of auditoriums.
© Utzon Archives / Aalborg
University & Utzon Center

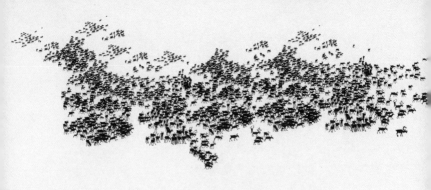

« Additiv Architektur »,
croquis d'Utzon, sans date.
© Utzon Archives / Aalborg
University & Utzon Center

'Additiv Architektur',
sketch by Utzon, undated.
© Utzon Archives / Aalborg
University & Utzon Center

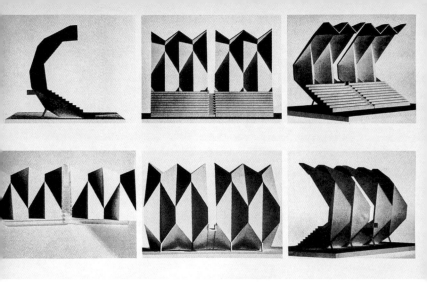

Maquette du projet pour le stade de Djeddah, Arabie Saoudite, 1967.

Model of the project for the Jeddah Stadium, Saudi Arabia, 1967.

L'ARCHITECTURE
À L'ÈRE DU
CONTINUUM
NUMÉRIQUE

ARCHITECTURE
IN THE ERA
OF THE DIGITAL
CONTINUUM

IMAGES

Tress Arc
J. Laffranchini
Prototype 1:1
Alain Herzog, Ibois 2008

96   L'architecture à l'ère du *continuum* numérique

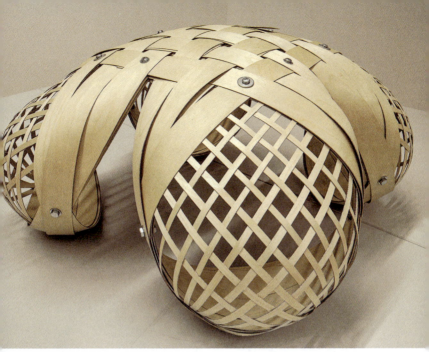

Continuity Tridimenionality
P. Ramundo Orlando
Alain Herzog, Ibois 2008

Architecture in the era of the digital *continuum*

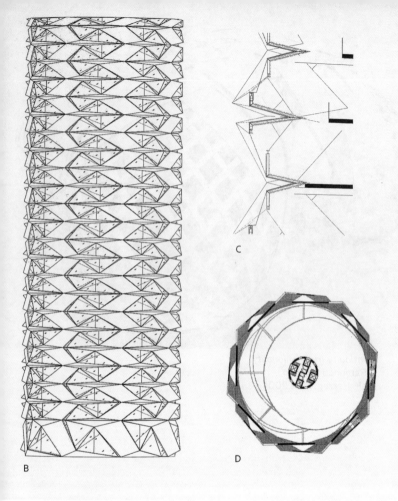

Tour à Facettes
Q. Gugelmann, Ibois 2008

V Panel Structure
S. Favre, Ibois 2009

Architecture in the era of the digital *continuum*

Discrete Architectural Geometry
C. Baudat, Ibois 2009

100

L'architecture à l'ère du *continuum* numérique

Discrete Architectural Geometry
Prototype 1:1
B. Thorel, Ibois 2008

101 Architecture in the era of the digital *continuum*

Building Fabric Look Out Tower
M. Besomi, Ibois 2009

L'architecture à l'ère du *continuum* numérique

Surface à forme libre
construite par itération.
I. Stotz, G. Gouaty, Y. Weinand,
Ibois 2008

Iterative free form structure.
I. Stotz, G. Gouaty, Y. Weinand,
Ibois 2008

103   Architecture in the era of the digital *continuum*

Prototype de coque mince plissée, construite en panneaux de lamibois LVL de 21 mm d'épaisseur assemblés par liaison à queue d'aronde à un seul degré de liberté, sans collage.
C. Robeller, Y. Weinand, Ibois 2014

Folded thin-shell prototype, built from 21 mm LVL panels, assembled with single-degree-of-freedom dovetail joints whithout adhesive bonding. Components interlock with one another.
C. Robeller, Y. Weinand, Ibois 2014

Prototype d'une structure plissée à double épaisseur assemblée par clipsage.
C. Robeller, Y. Weinand, Ibois 2014

Prototype of a double timber folded plate structure assembled with snap-fit joints.
C. Robeller, Y. Weinand, Ibois 2014

Architecture in the era of the digital *continuum*

Timberfabric
M. Hudert, Y. Weinand, Ibois 2013

106

L'architecture à l'ère du *continuum* numérique

Chapelle Saint-Loup,
Pompaples (CH), 2008
Architectes: Localarchitecture/
Danilo Mondada
EPFL Ibois: Yves Weinand,
Hani Buri
Ingénieurs bois: Bureau d'Études
Weinand, Liège (BE)
Transfert technologique:
Laboratoire des Constructions
en Bois Ibois EPFL

St Loup Chapel,
Pompaples (CH), 2008
Architects: Localarchitecture/
Danilo Mondada
EPFL Ibois: Yves Weinand,
Hani Buri
Timber Engineering: Bureau
d'Études Weinand, Liège (BE)
Technological transfer:
Laboratory for Timber
Constructions Ibois EPFL

107

Architecture in the era of the digital *continuum*

Pavillon de Mendrisio, 2010 (CH)
Timber Project
C. Robeller, Y. Weinand,
Laboratoire des Constructions
en Bois Ibois EPFL

Mendrisio Pavilion, 2010 (CH)
Timber Project
C. Robeller, Y. Weinand
Laboratory for Timber
Constructions Ibois EPFL

108   L'architecture à l'ère du *continuum* numérique

Pavillon en bois du Théâtre
Vidy-Lausanne (CH), 2017
Architecte: Yves Weinand
Architectes sàrl, Lausanne,
assisté localement par l'Atelier
Cube SA Lausanne (CH)
Ingénieurs bois: Bureau d'Études
Weinand, Liège (BE)
Transfert technologique:
Laboratoire des Constructions
en Bois Ibois EPFL

Timber Pavilion of the Théâtre
Vidy-Lausanne (CH), 2017
Architect: Yves Weinand
Architectes sàrl, Lausanne,
locally assisted by Atelier Cube SA
Lausanne (CH)
Timber Engineering: Bureau
d'Études Weinand, Liège (BE)
Technological transfer:
Laboratory for Timber
Constructions Ibois EPFL

Architecture in the era of the digital *continuum*

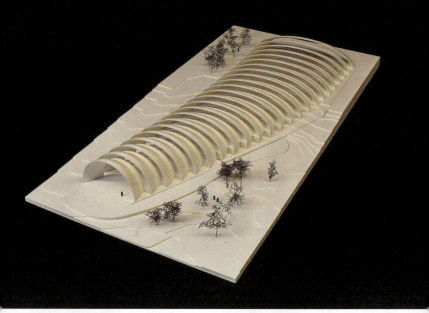

Annen Head Office,
Manternach, (LUX),
Architectes: Yves Weinand, (BE)
Valentiny hpv architects (LUX)
Ingénieurs bois: Bureau d'Étude Weinand (BE)
Transfert technologique:
Laboratoire des Constructions en Bois Ibois EPFL

Annen Head Office,
Manternach, (LUX),
Architect: Yves Weinand, (BE)
Valentiny hpv architects (LUX)
Timber Engineering:
Bureau d'Étude Weinand (BE)
Technological transfer:
Laboratory for Timber Constructions Ibois EPFL

111

Architecture in the era of the digital *continuum*

LE THÉÂTRE SORTI DU BOIS

THE THEATRE THAT CAME OUT OF THE WOOD

IMAGES

Mammoth Tree, Calaveras (USA)
© Nagel, Fishbourne & Kuchel

114 Le théâtre sorti du bois

Theatre Concert Hall,
Tanglewood (USA)
©Egon Egone/BSO Archives

115

The theatre that came out of the wood

Grange au Lac, Évian (FR)
© Cyrille Weiner

Premier Goetheanum,
Dornach (CH)
© Otto Rietmann, Rudolf Steiner
Archiv Dornach, Schweiz

117

The theatre that came out of the wood

Théâtre du peuple, Bussang (FR)
© Gabriel Philippe /
Théâtre du peuple

Théâtre du jardin royal,
Herrenhausen (GE)
©Johann Jacob Müller,
Joost van Sasse, Historisches
Museum Hannover

119 The theatre that came out of the wood

Salle Cortot, Paris (FR)
©Albert Chevojon

Le théâtre sorti du bois

Pavillon en Bois du Théâtre
Vidy-Lausanne (CH)
©Ilka Kramer

Timber Pavilion of the
Théâtre Vidy-Lausanne (CH)
©Ilka Kramer

The theatre that came out of the wood

Charpente du Théâtre d'Orsay,
Paris (FR)
©André Bernand

Timber Frame, Orsay Theatre,
Paris (FR)
©André Bernand

Le théâtre sorti du bois

Scène et salle du
Pavillon en bois, Théâtre
Vidy-Lausanne (CH)
© Christian Wilmart

Auditorium and stage
of the Timber pavilion,
Théâtre Vidy-Lausanne (CH)
© Christian Wilmart

The theatre that came out of the wood

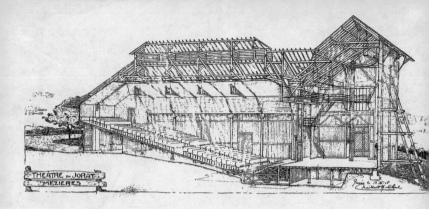

Charpente du Théâtre du Jorat,
Mézières (CH)
© Henri Maillard, Albert Chal

Timber frame, Théâtre du Jorat,
Mezières (CH)
© Henri Maillard, Albert Chal

Peau lasurée du
Pavillon en bois, Théâtre
Vidy-Lausanne (CH)
© Ilka Kramer

Stained coating of
the Timber pavilion,
Théâtre Vidy-Lausanne (CH)
© Ilka Kramer

125

The theatre that came out of the wood

Rosey Concert Hall, Rolle (CH)
© Alain Richard

Maquette de la section terre et forêt, Expo 64 (CH)
© Fritz Maurer / gta Archive, ETH Zurich

Model of the section 'terre et forêt', Expo 64 (CH)
© Fritz Maurer / gta Archive, ETH Zurich

The theatre that came out of the wood

Assemblage du Pavillon en bois,
Théâtre Vidy-Lausanne (CH)
© Ilka Kramer

Assembly, Timber Pavilion,
Théâtre Vidy-Lausanne (CH)
© Ilka Kramer

Le théâtre sorti du bois

THE IBOIS NOTEBOOKS, TOOLS OF INCREASED TRANS-DISCIPLINARITY

Christophe Catsaros

The full story has not been told with regards Ibois and its most important construction, the Vidy Theatre pavilion. This is the starting point for this editorial initiative to produce a series of notebooks about the EPFL laboratory dedicated to innovative timber building. Ibois, whose primary claim is to have reinvented the relationship between architecture, the engineering of a material and the technology for its implementation, warrants a transversal approach at the meeting point of applied and human science. This is in order to develop a critical and political reading of the laboratory's material and theoretical realisations. The Ibois notebooks will thereby fill the gap in critical analysis that is found in most practice-focussed research labs, where technique and the engineering of implementation account for much of the work.

While it is not unusual for scientific interdisciplinarity to contribute to feeding applied research, its extension to human sciences remains harder to establish. And yet it is just this kind of crossover that is required for an introspective view, and in order to generate lines of argumentation, which would not be purely fact-based, on the unusual nature of the approach. Applied research barely considers the global meaning and finality of its undertaking, and rarely according to criteria other that those of its own discipline. This is the aim of these notebooks: to place Ibois at the centre of a critical editorial process that goes beyond its habitual area of consideration. In order to understand the aim, it might be useful to remind ourselves of the kind of shortcomings for which the notebooks endeavour to compensate.

The lack of critical analysis in applied research finds an explanation in the respective evolution of the three disciplines that constitute building culture: architecture, engineering and urban design. While throughout the 20th century architecture and urban design did not cease developing multidisciplinary approaches, increasing their critical and reflexive capacity, engineering withdrew into self-reference, which was certainly extremely efficient, but hardly propitious to transdisciplinary hybridisation and transversal analysis.

Thanks to their interdisciplinarity, architecture and urban design develop their ability to consider the world based on what they accomplish. It is their disposition to engage with other areas of knowledge that enables them to enlarge and enrich that which is their own. It is also this open approach that makes them disciplines of universal vocation. Engineering and technique initiate an inverse, and in some ways paradoxical evolution. One of increased power in terms of efficiency and ability to change the world, but also of a progressive decline in critical approach and, more generally, in inclination towards a transversal reflection. The very idea of a criticism of engineering is nonsensical, whereas architectural criticism remains the essential element in both architects' training and the production and reception of their work.

While architects and urban designers allow themselves anthropological, socio-economical and political approaches in their respective areas, engineers and technical researchers shut themselves in to a monolingualism that impoverishes them and in some respects prevents them from addressing all of society. In the 19th century, one could still read mainstream engineering texts in the daily press. Today it is hard to find, even in specialist publications, articles that go beyond factual description or glowing popularisation.

Nobody any longer takes the time to write about engineering, to detail the concepts behind the technical solutions, to place technical reflection back into a prospective and imaginative dimension. Technical writing has not reinvented itself, having missed the editorial mutation to digital. Yet today we really need it, if only to understand the black boxes that regulate our lives. At a time when algorithms are learning to improve themselves, humanity seems to have given up on understanding and doing anything about the mechanisms that form and perpetuate the world.

Ibois, at the outposts of innovation in materials engineering and computer-aided construction, is not exempt from these questions. The capabilities of the laboratory are far superior to what had been thought, said and written. There is a lack of reflection and of transmission around the kinds of intelligence that are coming into play in the revolutionary processes developed by the Ibois researchers. Innovation seems to move faster than our ability to situate it and understand it; its application goes beyond its theoretical and aesthetic reception, indispensable to its preservation within the human realm. On the model of what prevails in military-industrial research, Ibois appears capable of activating accelerators that enable tools developed in the academic condenser to find a means of establishing themselves without having first been assimilated by the building industry. Its position at the crossroads of primary research and its application create a unique case for rethinking the relationship between science and society, and more generally with the world that it makes possible.

While this hybrid situation is of great interest, it also carries a risk: that of derailing by going too fast and forgetting the overall sense, and, even more importantly, by the autonomisation of certain players who move, within this area, towards the uncertain frontier of what we call the post-human. An area where technical skill claims to be able to do without interaction with man, inadvertently dismissed from his role as evaluator and judge of his own technical evolution.

Some believe that the opacity that surrounds certain technical innovations is part of a strategy to break boundaries, to do away with the safeguards that keep humanity in a supposed position of control. Fields such as those of artificial intelligence and robotics, which are of growing importance in Ibois' building practice, seem to be long exempt from any kind of obligation to refer to humanity, still less to be answerable to society. Unlike the numerous players who chose to ignore the risk of alienation inherent in robotics and in the surge in algorithmic intelligence, Ibois wants to put humanity, that is to say sensitivity, politics and ecology, back at the heart of its process.

The vocation of the Ibois notebooks will be to give an understanding of what is at stake in the laboratory's experimental processes. They will serve to unfold those technical protocols and their operators in order to reveal their innermost logic. The notebooks thereby seek to weave links with other disciplines, not out of a taste for diversity, but driven by the belief that interdisciplinary analysis is the best tool to understand what we are doing within our own discipline. Like different disciplines in human sciences, which mutually enrich one another, Ibois will be understood by way of filters that are not those of its usual reception.

The notebooks will also be vectors for a theoretical recontextualisation. They endeavour to put work already carried out and that which is on-going, back into a theoretical and historical context, not for the pleasure of classification, but to measure the potential of a practice in the light of the distance already travelled. The Ibois notebooks will re-establish the references, the lineages, the stories that are not given enough credit today. They will open doors where we thought there were only walls. Above all, they will offer a framework of reading that had not yet been evaluated: that which endeavours to measure the role of a building process in the future of a society. By radically changing the way in which buildings are generated, Ibois holds a real potential for society. Its aptitude to reinvent timber, to generate tools and practices that circumnavigate the hierarchies and value-grid of the building industry, therefore warrants consideration in a political light.

Timber has now become the vector of the green revolution encouraging a decarbonised real-estate industry and more sustainable cities. The notebooks constitute the terrain for evaluation of these expectations, in terms of what is sincere, but also what is fanciful and demagogical. An X-ray of a material and its ecological potential, the notebooks will question the main clichés that constitute the virtuous reputation of timber today. Here again, the aim is not to halt a movement, but to better orientate it.

Ibois has not waited for these notebooks to orientate its research towards a hybridisation between art and science, opening the door to serendipity and heuristic exploratory practices. Yves Weinand has often been criticised by the 'guardians of the truth' for his lack of respect of academic orthodoxy. The realisations and the horizon that is opened up by the daring practices of the laboratory prove these critics wrong, and incite going even further in opening up this cross-disciplinary approach. Applied research and building innovation need to be confronted by economic, environmental and anthropological questioning. This is in order to ensure that their paths are well founded. The notebooks are called upon to play this role, which is to look at the orientations and results of the Ibois research in the light of external factors. It is with this aim, to measure up against intelligence other than our own, that the first Ibois notebook invites three theorists to open this cycle of reflection.

Françoise Fromonot

revisits the heroic epic of Jørn Utzon and what he tried, and failed, to realise during the construction of the Sydney Opera House. The plywood origami that he wanted to assemble inside the Opera represented much more than simply a wall finish. It was a construction in its own right within another construction, a second project within the hollow of the famous shells. The theoretical revisiting of the timber slope of the Opera reveals to what degree the tectonic design of his work of art, the ordered nature of its implementation, is revealed in the constructive nature of the un-built part, that is to say the plywood origami. What was considered an incidental and dispensable finishing, rejected by the client, actually showed itself to be key in experiencing this architectural style of misunderstood expressionism.

Stéphane Berthier

provides a fairly complete panorama of Ibois' position in the constellation of laboratories that develop computer-aided design and construction techniques. He looks back at the evolution over the last 20 years, from the emergence of non standard architectures at the turn of the millennium, to the most recent advances in new capabilities for building with materials or elements that were until now considered unsuitable for construction. Will AI and robotics resolve the alienation generated by industrial standardisation? From the formal gesticulation of its beginnings, will non standard become a factor of sustainability?

As for Yann Rocher,

he endeavours to establish the numerous constructive and symbolic links between the materials used to build the timber pavilion of the Vidy Theatre, and its function as a stage. Above all, he unveils how much the formal variety of his geometric system converges with the imaginary expectations of the venue.

Christophe Catsaros

PLEATS PLEASE? – THE SECRET ARCHITECTURE OF THE SYDNEY OPERA HOUSE

Françoise Fromonot

Clusters of white shells resting on a granite promontory above a huge Austral fjord: this is one of the most famous architectural images of the 20th century. The iconic profile of the Sydney Opera House has, however, long overshadowed the overall project for the building designed by Jørn Utzon (1918 – 2008), which sadly he was never permitted to finish. The Danish architect had in fact envisaged solutions for the glazed façade closing the ogival arches of the roofs, for the interior fittings, and for the base of the two auditoria that even by today's standards seem revolutionary. This project within a project had already been entirely drawn up when he was forced to leave the site in 1966 because of hostility from the newly elected government, and lack of support for his final proposals on the part of the Arup engineers. These proposals were long forgotten by architectural history [1], until the rediscovery in the mid-1990s of an archive kept by the Mitchell Library in Sydney [2]. Exhumed and reconstituted in pictures, the articulated glazing system and series of timber drapes designed by Utzon have been likened to empirical experiments anticipating the formal and technical aspirations of the digital age. Yet history shows that Utzon mastered these inventions by means of a design process grounded in much deeper theoretical foundations, themselves shaped by an unusual culture drawing on often distant precedents. Thus, the prefabricated volutes of the last stage of the Opera House represent not so much circumstantial innovation, as a kind of creative apogee of ideas that had been long reflected upon by Utzon, an architectural version of *The Art of Fugue*.

ORGANIC CHAINS

To grasp its nature, sense and originality, one must first consider, in this light, some of the milestones of his early work. Utzon's inclination for architecture regulated by an intrinsic logic, which brings together form and fabrication by means of the geometric arrangement of simple elements, is a thread running through all his projects. This interest is evidentin his very first group of patio houses, built when he had just won the Sydney competition, first in Helsingør (1956 – 58) and then in Fredensborg (1958 – 62)[3]. In both cases, a construction unit (the brick) creates, by addition, a unit of family life (a house), which, replicated and then assembled, constitutes a small community entity (a modern village). With a combination of modules and following homothetic scales, Utzon forged a complex organism, inspired both by a consistent scalar chain, and by a very ancient transcultural type of habitat.

Utzon's biography gives some keys to this precocious and durable interest in this rationalisation of forms. His references came from a range of sources, linked through the 'additional' readings he made of any

1 They were, however, mentioned by Sigfried Giedion in the first draught of his famous essay, 'Jørn Utzon and the Third Generation – A New Chapter of *Space Time and Architecture*', published in *Zodiac* No. 14 (1965) accompanied by numerous illustrations supplied by Utzon.
2 See the pioneering work by Philip Nobis, *Utzon's Interiors for the Sydney Opera House: the Design Development of the Major and Minor Hall 1958 – 1966*, Sydney, University of Technology, 1994, and Françoise Fromonot, *Jørn Utzon – Architetto della Sydney Opera house/Jørn Utzon et l'opéra de Sydney*, Milan/Paris (Electa/Gallimard), 1998, pp. 134 – 177. Since Utzon's death, numerous designs for the first stage of the Opera, which were conserved in Denmark, have been placed in a dedicated archive that can be consulted on-line (*utzon-archives.aau.dk*) and at the Utzon Center in Aalborg.
3 Utzon had first developed this principle for a housing estate in Sweden, from 1954.

given scholarly, vernacular or biological work. The yachts designed by his father, who was a naval architect and director of the Aalborg shipyard, had given him an understanding of the mathematical logic that governs the line of their timber hulls. At the Royal Academy of Copenhagen, which he attended from 1937, he was influenced by the teaching of Steen Eiler Rasmussen and Kay Fisker, who advocated incorporating the masonry rules of stone coursing – integral to the Nordic building tradition and even replicated in the Danish construction game Lego[4] – into modern architecture. Again thanks to his two teachers, Utzon learned about the architectural culture of imperial China, whose principles were set forth during the Song dynasty in the treatise *Ying zao fa shi* ('Federal building standards'). This manual listed in great detail, from the 12th century, the elements of timber structure and the systems of assembly required for any kind of building, which in turn were generated as infinite variations of a single typology of plan. It was a work that Utzon returned to constantly. D'Arcy Thompson's *On Growth and Form* and Karl Blossfeldt's photographs – among other studies that sought to demonstrate that the logic of living forms is inscribed in their genetics – also remained favourite reads for a long time.

From his earliest essay, published in the Danish magazine *Arkitekten* in 1947, the young Utzon advocated an architecture that was 'rooted in natural forms', illustrating his manifesto with pictures of corals or crystals seen like aggregations of cells following a delicate geometrical order, 'because we ourselves are made of elements like these, and only contact with nature allows us to be completely free in our own expression'[5]. It is also tempting to see the influence of Alvar Aalto in this declaration, for whom Utzon had briefly worked at the beginning of the 1940s and who saw nature as 'the best standardisation committee'[6].

COMPLEX FORMS, SIMPLE MATRIX

In order to materialise the expressionist sketch that won him the Sydney competition in 1957, Utzon was to develop his convictions in new directions. To make it possible to construct the sets of concrete shells initially envisaged to be the 'sails' of his roofline without resorting to patched-up solutions or artifice, he looked for ways to rationalise the geometry and building process so as to ensure both the economy of his project – in terms of means, time and money – and the integrity of its form: an equation that his engineers were unable to resolve. He suggested generating all the different shells from a single geometry – a virtual sphere 246 feet in diameter (about 75 m) – so as to reduce their diversity down to a collection of surfaces of the same 'family'. He explained that all the half-shells would have the same curvature in all directions, a bit like triangles cut out of the skin of an orange. Each could be obtained

---

4 The game was commercialised in 1958 by a company established in Jutland by Ole Kirk Kristiansen, its inventor at the beginning of the 1930s. Its name Lego comes from the Danish *leg godt*, 'I play well'. In latin, *lego* means 'I assemble'.

5 Jørn Utzon and Tobias Faber, 'Tendenser i nudtidens arkitektur' ('Tendances in today's architecture'), *Arkitekten*, vol. 49, no. 7-8-9, 1947, p. 63-69.

6 This quote is an extract from a conference given by Aalto in 1938, published by Göran Schildt in *Alvar Aalto in his own Words*, New York (Rizzoli), 1997. Also see Elina Standertskjöld, 'Alvar Aalto and standardisation', in R. Nikula, M.-R. Norri and K. Paatero (dir), *The Art of Standards, Acanthus*, Helsinki (Museum of Finnish Architecture), 1992, pp. 74-84.

→ **77** by a jointed assembly of identical ribs (although variable in length), themselves constituted of a limited number of segment types, mass prefabricated in situ. Each curved triangle would be symmetrically replicated to form a shell, and the operation repeated with more or fewer components depending on the size of the shell to be built. The thin parabolic shells initially envisaged morphed into pointed barrel vaults with curved ridges, a concrete stereotomy of Gothic inspiration cross-fertilised by the teachings of *Ying zao fa shi*. The Chinese treatise – which Utzon consulted frequently while designing the Opera House according to his assistants at the time[7] – was to be one of the catalysts of this synthesis between the great building traditions of the Orient and the techniques and aspirations of Western modernity. 'I have managed to control these complicated forms by combining the freedom of craftsmanship with the precision of the machine age,' wrote Utzon[8]. This design revolution rendered the competition image operational without betraying the original intentions, all the while adjusting the external form of the building to obtain greater harmony between its parts.

From this first victory over pure engineering, the architect deduced the means of cladding the roofs. Their curved surfaces were covered in chevron-shaped panels, whose geometrical homothety with the underlying segments allowed once again for their prefabrication in series. To finish their exterior surfaces, 12 cm × 12 cm tiles were produced in two versions of white, gloss and matt, by the Swedish manufacturer Höganäs according to the ancient ceramic techniques of the Far East minutely studied by Utzon. They were then placed at the bottom of the mould before the steel reinforcement and the poured concrete.

The result combines the specificity of a material developed jointly by the architect and the manufacturer, with the precision of industrial production. Here again, Utzon designs a visual and organic chain: the layout of the ceramic modules defines panels, themselves positioned to mirror the segments from which all the vaults are composed. The trellis grid mosaic patterns of the Opera House roofs are consistent with the overall structure, which they cover without entirely obscuring the constructive order below; their shimmering marquetry captures the constantly changing light of Sydney Harbour.

TIMBER, AN EXPERIMENTAL MATERIAL?

Utzon's unbuilt proposals for the rest of the building followed in this vein. The materials chosen for the superstructures – concrete and ceramic – were mineral. In contrast, for the interiors and finishings, Utzon planned to use timber in its industrial form: plywood, still new at that time, but which had made remarkable progress since the post-war period. 'The concrete is the primary loadbearing material; plywood the secondary suspended

> 7 The Sydney architect Peter Myers, a former employee of Utzon, was the first to draw my attention, in the mid-1990s, to the importance of this reference. Since then, Utzon's protean interest in the culture of imperial China and its influence on his architecture has been widely explored, notably by Chen-Yiu Chu, 'China Receives Utzon: The Role of Jørn Utzon's 1958 Study Trip to China in His Architectural Maturity', *Architectural Histories*, 4(1), 2016, p. 12. This article develops his doctorate thesis, 'Utzon's China: the reinterpretation of traditional Chinese art and architecture in the work of Jørn Utzon (1918–2008)', completed in 2011 in the department of Architecture, Building and Planning of the University of Melbourne.
> 8 Jørn Utzon, 'The Sydney Opera House', *Zodiac* no. 14, 1965, p. 49.

material. I have treated the concrete in its pure form and have achieved structures expressing the load-bearing function. I want now to use plywood in its authenticity, as a stiff membrane, strengthened by folds [9].'

For many years Utzon studied the possibilities of using industrially reconstituted wood with an eminent Australian manufacturer, Ralph Symonds Ltd. Ingenious, bold and unconventional, Symonds was known well beyond the borders of his own country for his innovations in this field. A pioneer of plywood in the 1930s, he had developed synthetic glues that, combined with hot-pressing techniques, allowed him to make thick and resistant multi-ply sheets. At that time his factory was producing the largest sheets in the world, 50 feet long – that is more than 15 metres – and 9 feet wide. These dimensions made it possible to build large single spans, minimising the number of joints if assembly was required. Utzon had already used Symonds' plywood for the formwork of the colossal gutter beams of the Opera House's concourse during the first stage of construction, and then to line the moulds for the vault segments during the second stage. For the third stage, he was planning to use this plywood, which had extraordinary properties in its own right, as Symonds had developed a technique to insert layers of metal, particularly aluminium (AlumPly), between the layers of wood or as a surface finish. The metal was expanded by heat during pressing and when cooled it retracted, producing a sort of pre-stressed plywood, which was as sturdy as steel but a fraction of the weight.

'Man can no longer afford the time nor the ability of craftsmen to hand make our buildings. We must find the machines to make our components and devise some means to put these elements together only limited to the size and weight of our mechanical age to erect them (...) The only way to attack the problem of the other major parts of the building [The Opera House] would be to bring them under control by a strict geometry and then divide them into uniform components, which can be produced by machine under strict control both as regards to dimensions and quality,' summed up Utzon in January 1965 [10].

PRINCIPLE AND CONTINGENCY

While the solutions proposed for the third stage of construction took this philosophy even further, the influence of the Chinese treatise was also increasingly evident. This catalogue of standardised structural components covers virtually all traditional roof types – from the most simple to the most sophisticated – while also specifying the estimated time needed by craftsmen to make them. Here again Utzon applied these lessons to the creation of new forms. For each of the remaining works, he drew up catalogues of components whose design integrated assembly processes that would ensure the desired formal result.

Thus, the most technical and time-consuming task fell to the architect so that ease and efficiency of implementation prevailed on the construction site.

For the finishings of the irregular circulation spaces of the Opera House podium, Utzon's studio designed a tall, slender (40 cm-wide) U-shaped plywood panel. Twin panels fixed to rails on the floor along either side of a corridor, were linked by a horizontal timber slatof

---

9 Letter from Utzon to Mr Johnson, Minister of Public Works, 29 September 1964. (Utzon Archive, Mitchell Library, Sydney, Box 32, item 343).

10 Jørn Utzon, *Descriptive Narrative with Status Quo. Sydney Opera House*. January 1965. Typed report, practice document, p. 5.

set dimensions to create a kind of arch. Depending on the width of each corridor, the vertical panels naturally leaned at different angles, their succession forming a kind undulating tunnel: each given corridor plan generated varying conditions in section. 'The corridors ... are formed by the load-carrying walls which, in their turn, take shape and position from the two auditoria on top of the base. The corridors are the rivers of the building, carrying people, pipes and ducts, but easy access to them is a must. A system of elements has been invented based on the simple fact that two elements connected by a flexible link can assume any position within their total length just as the human arm and hand'[11]. While Utzon used an anatomical analogy to illustrate his construction principle, the spatial result harks back to its Oriental ancestry: the passages covered by series of red *torii* that lead to the shrines of Kyoto or Nara, whose striking graphic effect comes from the combination of their regular alignments of identical portal frames and the variations of topography. For the design of the rehearsal studios, initially envisaged in traditional finishes – plaster and absorbent panels – Utzon also planned to use modules of tubular plywood, moulded in the same forms as those of the corridors: standardisation throughout, rigour and flexibility for wall finishes, economy in cost and time, all the while optimised for disassembly and accessibility [12].

STANDARD AND PIECE BY PIECE

Similarly, Utzon wished to rationalise the glass walls sealing the gaping 'mouths' of the vaults on the city and the harbour sides, despite the geometric complexity of their surfaces. Their system also had to accommodate the remaining lateral gaps between the horizontal platform

→ **80** and the lower arch of each 'sail'. The transformation from shells into vaults during stage two freed these glazed surfaces from any structural role. They became lightweight membranes, hung like curtains from the ribs, their glass blades held in slender frames tapering down to their lower extremities, 'like the wing of a bird'. Their glazing structure, made in tubular plywood, was then divided horizontally into segments of similar composition, made into series. 'The problem that faced me was to create a glazing system sufficiently flexible to make

→ **81** up the irregular overall shape and have sufficient strength to resist the wind loads imposed on such a vast area. Our early attempts to use composite structures of concrete and steel or bronze were too complicated and too rigid. The answer was

→ **82** to be found in a simple geometric system consisting of a series of glass panels of modular size held between flexible mullions which can be adjusted to any shape and portion as required[13].'

These mullions didn't need to be thick, but had to work as stiffeners, hence the choice of tubular plywood, developed by Utzon's office into standardised sections. The final drawings show that the vertical division of all the glazing reproduces the 4-foot (1.2 m) gap between the paving slabs of the platform, thereby maintaining the same module from the ground to the top of the vaults. The mullions

---

11 Jørn Utzon, 'Corridor problem', *Zodiac* no. 14, 1965.
12 Utzon: *Chronological report on planning and design, op. cit.*
13 Letter from Utzon to Mr Johnson, Minister of Public Works, September 1964, quoted by Shelley Indyk and Susan Rice, *Sydney Opera House*, unpublished Bachelor of Architecture dissertation, University of Sydney, 1982.

were built by bonding half-inch (13 mm) sheets of pine plywood to form components 2 feet (60 cm) deep. By casting a shadow onto the glass, they served as a sunscreen, making it possible to use clear safety glass in commercially available standard-sized dimensions[14].

The same logic applied to the detailing. The layers of timber ply were offset in order to adapt to the changing configurations of the standard mullion, relative to their altimetry. The extremity of the upper layer was curved into a lateral gutter forming a pressure plate onto which glazing was affixed by means of standard clips. The front of the mullion was enclosed with a U-shaped cover piece designed to protect its exposed face. Each cover piece was finished with a hot-bonded bronze sheet using the Symonds technique. In order to ensure that the mullions could withstand a very tight curvature, studies were conducted on the thickness of the timber layers, the direction of their grain and the glues. Within the straight sections and at each fold in the glazing, the mullions were regularly connected by a cylindrical metal part sealing the glazing panels wherever they overlapped. The intention was to prefabricate the mullions in series in Symonds' workshops and then erect them on site, like a Meccano kit, replicating the process developed for the vaults. By reducing all the different glazing panels to a limited number of cases and standard pieces, Utzon once again combined a precision in the design of components perfectly suited to their role with the accuracy of industrial craftsmanship. The investigations had been painstaking, but the installation would be rapid.

'TEXTILE STRUCTURES'

For the internal forms of the two concert halls, Symonds' plywoods were to find an even more spectacular use following similar principles. This project illustrates the quest that was driving Utzon: that of achieving a fundamental concurrence between spatial device, construction process, technical efficiency and aesthetic intention. Initially covered by timber strips 'à la Aalto' for the small auditoria, and by an acoustic ceiling in diamond-faceted coffers for the larger one, both concert halls were to evolve towardsthe same resolution while the spherical solution was being designed for

→ 86 the superstructures. As was the case for the latter, the auditoriums became structural envelopes, this time obtained by the juxtaposition of hollow plywood beams ('box-beams') radiating out from the stage. Lead or aluminium sheets

→ 87 incorporated into the timber ply increased its resistance and reinforced the acoustic insulation, which was vital to ensuring good listening conditions in the noisy environment of the harbour. Each of these ribs was composed of a linear assembly of segments, whose underside was shaped by a virtual cylinder. By moulding them according to the same curvature, this circular template facilitated their prefabrication, visually harmonising their radial pattern above the audience, and regulating the reverberation of sound coming from the stage. A great canopy, whose inflections are based on data gathered by acousticians, hovers over each auditorium.

> 14 Jørn Utzon, *Descriptive Narrative*, *op. cit*, pp. 8–9. The architects who replaced Utzon after his forced resignation abandoned this project in favour of a slender metal structure glazed with smoked glass.

The space thus becomes 'a portrait of the ideal trajectory of sound'.

It was planned that all the box beams – the longest of which measured over 40 metres – would be manufactured, assembled and decorated in the Symonds workshops in Homebush Bay on the estuary of the Parramatta River, which runs into Sydney Harbour. They were then to be transported by barge to the Opera House site, 'like huge yachts', brought beneath the vaults and then lifted and hooked on to them, side by side, before being set in place, 'like a great three-dimensional jigsaw puzzle[15]', their rear prop resting on the top end of the seating tier in order to reduce the loads on the superstructures. The detailed drawings and a photo of a model dated 1965 show a series of these ribs required for the construction of half of a hall, arranged in order of decreasing size, from the large central beam down to the triangular piece terminating the envelope against the proscenium arch: a striking analogy with the plates of the *Ying zao fa shi* featuring variations of 'bracket sets'.

REASON AND SYMBOLISM

As Utzon wrote in his idiosyncratic style: 'The final form gives a very fine acoustical performance. Its stepped surface with convex cylindrical undersides gives a great diffusion and richness and brilliance to the sound. The final form also has a very architectural character because the shapes are fanning out from one point on the stage to the spectators, so the spectators' eyes are concentrated on the stage opening... As seen from these drawings, a very simple geometrical system is capable of completely defining the elements, enabling the setting out in space for erection, giving the possibility of finding the neighbour relationships

→ 89 between elements and also, to organise an organic decoration[16].' Elaborating on what he means by organic, he stated 'Everything that can emphasise this idea and operation must be shown, for instance, method of production, erection system, colour. Decoration and colour must be as organic a part of this complex as the white foam is part of the waves, in order to achieve a complete and consistent character or style[17]'.
In each of the auditoriums, the beam segments were painted in concentric or radiating coloured patterns, with ornamental divisions emanating from the invisible centre of the theoretical cylinder that shapes
→ 90 the volutes. 'An idea which will bring the changing colours into harmony with the geometrical concept,' commented Utzon[18]. The final models show tones – red and gold for the large auditorium, blue and silver for the smaller one – chosen
→ 91 in theatrical contrast with the grey of the rough concrete of the vaults, but also in resonance with their symbolic significance in imperial China. All of these features contributed to the same objective: to build relatively autonomous lightweight envelopes by using *systems* of machined components; not as interior finishings, but truly as a secondary architecture inhabiting the primary, superstructural order of the building. These two registers were to communicate in secret accord by means of a shared primary geometry – the circle – that would animate them in unison. From 1965, Sigfried Giedion – who recognised in the young Dane the most gifted representative of the

---

15 Jørn Utzon in *Zodiac* no. 14, 1965.
16 Jørn Utzon, 'Minor Hall', *Zodiac* no. 14, 1965.
17 *Ibid.*
18 *Descriptive Narrative*, 1965, *op. cit.*

'third generation' of modern architecture, and engaged in intense intellectual discussions with him – himself detected resonances that he deemed 'cosmic'[19] in these undulating timber drapes tucked beneath the folded cupolas.

TECHNOLOGY UNDER CRITICISM

Utzon was neither the first nor the only architect to look in these directions for solutions to the dilemmas of his time. It is the manner in which he undertook this research that makes him unique. To bring about the desired fusion between structure and form, process and result, rigour and fluidity, conceptual vision and economy of means, he delved into his own personal culture to find the essential coherence between the morphology of the whole and the organisation of its parts[20]. Nor was Utzon the last architect to take an interest in the dialectic between built form and the components to which it can be correlated in order to fully realise its expressive potential. The Sydney Opera House has been integrated by some into a genealogy of 'non standard' architecture, which claims to generate non-Euclidean surfaces thanks to the continuity between conception and fabrication allowed by algorithmic systems[21]. However, the close examination of Utzon's design shows how risky these comparisons can be.

One can argue, however, that Utzon's explorations anticipated research in other ways, such as the work developed in recent years by Yves Weinand and the Ibois laboratory at EPFL[22]. The long-span, double-curve vaults in timber box beams designed in 2020 for the Annen Head Office in Manternach (Luxembourg), could be seen as a distant revival of the structural ceilings of the Sydney Opera House. Mobilising the latest technologies and interdisciplinary collaborations, this project stems from a comprehensive approach with the intention of favouring, over the capricious forms extolled by parametric architecture, the sense of structural thought and its kinship with architectural thought. However, for this purpose, it uses means that didn't exist in Utzon's time: 3D modelling and digital cutting and assembly. One is also reminded of the pleated structure in modular timber panels used for the Vidy theatre pavilion (2017), which, visually, brings to mind another unbuilt project by Utzon, a 1967 commission for a stadium in Jeddah, which the Danish architect designed to the point of construction drawings before the project was abandoned by the client. Inspired by Japanese origami as well as Islamic architecture – particularly the three-dimensional *muqarna* vaulting he had seen when visiting Iran – Utzon had planned to build the cantilevered canopies over the terraced seating by means of triangular modules in concrete prefabricated on site. He was to name his method 'additive architecture'[23].

19 Sigfried Giedion, 'Jørn Utzon and the third generation', *op. cit*.
20 On this subject, see Françoise Fromonot, 'Jørn Utzon, serial architect', *in* Michael Juul Holm, Kjeld Kjeldsen and Mette Marcus (eds), *Jørn Utzon – The Architect's universe*, exhibition catalogue, Humlebaek (Denmark): Louisiana Museum of Modern Art, 2004, pp. 76–83.
21 Frédéric Migayrou (eds), *Architectures non standard*, catalogue of the exhibition of the same name, shown at the Centre Pompidou in Paris between December 2003 and March 2004.
22 See Yves Weynand (eds), *Structures innovantes en bois – Conception architecturale et dimensionnement numérique*, in particularly the first chapter, 'Structure plissées en panneaux de bois', pp. 14–48.
23 This project was published along with others under the title, 'Additiv Arkitektur', in a special issue of the Danish review, *Arkitektur* 1, 1970, wholly devoted to Utzon's research.

With all the characteristic optimism of the period, Utzon's quest embraced the values, means and possibilities offered by industry, as indeed some proponents of morphogenesis still do. However, current questions about the use of resources, the environmental footprint of materials and the globalisation of their production also give rise to processes that are more fundamentally concerned with the ecology of construction. In support, one might cite the work of Jacques Anglade [24], an engineer who worked at the Ibois laboratory in the early 1990s. While there he met Roland Schweitwer (1925–2018), a great connoisseur of the traditional architecture of the Far East, and in particular of Japan. Seeking 'a new architectural language', Anglade looked to building techniques that had been supplanted by technology to develop his criticism of the industrialised sectors of the timber industry, their disregard for the inherent qualities and properties of the material, the abstract standardisation of the transformation processes that they incur. Revisiting medieval skills – such as timber frames made of small pieces of solid wood – he designed structures that merged economy of material with aesthetics while incorporating climatic systems, the legibility of these structures making them easier to appropriate by those who build them. Utzon balanced his technical beliefs with repeated calls to make craftsmanship a true partner of the architect, invoking the constructive logic of ancient architectural works, even down to their resonance with the landscape. His 'poetics of reason' could well make a major comeback in current architectural debates, at a time when a general re-evaluation of the idea of progress is beginning to emerge in light of its modern evolutions.

24 See Stéphane Berthier, 'Les structures de Jacques Anglade, une contre culture constructive', *criticat* no. 17, spring 2016, pp. 68–87.
25 Title of a lecture given by Jacques Anglade at ENSA Strasbourg in December 2008.

ARCHITECTURE IN THE ERA OF THE DIGITAL *CONTINUUM*

Stéphane Berthier

Between 1900 and 2000, the development of morphogenetic software for use in architecture led to the emergence of original work with biomimetic overtones. Recognisable by their soft and fluid forms, these productions have often been dubbed 'blob architecture'. The exhibition 'Non Standard Architectures' at the Pompidou Centre in Paris in 2004 showed examples of these that illustrated their creators' fascination with imitating forms found in nature, aided by digital tools. Numerous critics quickly rose up against an art form judged too formalist and 'gratuitous'. Questions were raised about the scale of these objects, which varied according to the size of the human figure incorporated in its representation: a given form could just as well represent a piece of furniture as an expression of *bigness*. On the other hand, the question of the constructability of these blobs remained intact. Some early realisations had resorted either to a method of slicing up the form, or to the discretization into large triangulated facets that rendered the edifice lugubrious and overly complicated, far removed from the fluidity of its initial drawings. These first experimentations resulted in a brutal dissociation between form and structure, the latter artificially attempting to 'hold up' the former, in the manner of a stage set.

DIGITAL CONTINUUM FROM CONCEPTION TO FABRICATION

Following this first-generation architectural production, progress in digital tools, and, particularly, transfer into the field of construction of computer-aided design and manufacturing technologies (CAD/CAM) already widely used in industry, gradually repaired the fracture between the architects' novel forms, the engineers' rational structures and the contractors' economical fabrication. Strictly speaking, these weren't instrumental developments specifically for blob architecture, but relatively independent work looking at what CAD/CAM technologies could do in form-finding and construction and, reciprocally, at how these industrial digital technologies could be improved and developed for use in architecture.

Different academic institutions, such as the University of Stuttgart's Institute for Computational Design (ICD) headed by Achim Menges, Philippe Block's Block Research Group and Gramazio and Kohler's Architektur und Digitale Fabrikation lab at ETH Zurich, and of course Yves Weinand's Ibois Laboratory for Timber Constructions at EPFL Lausanne, are currently working in this area, attempting to establish a digital continuum, a single digital platform for design and manufacture. Their work has the common thread of research into the consubstantiality between form and structure in the era of digital technology and robotic manufacture.

They are gradually revealing what Yves Weinand calls 'digital tectonics'. The term tectonics, forged by German architectural theory, notably by Karl Bötticher and subsequently Gottfried Semper in the 19th century, aims to characterise architecture whose qualities do not go beyond those inherent in its construction. In 1995, Kenneth Frampton revived this concept in his *Studies in Tectonic Culture*, which set out to re-evaluate modern architecture based on its constructive qualities, for, according to the author, it is too often analysed only in terms of its spatiality. According to the British theorist, tectonics are not just a simple affirmation of construction, often limited and silent; they are an art of manufacture that harnasses the potential of the poetic, tactile and sensorial expression of the materials, the tools, and the craft of its execution.

ART & SCIENCE, TOGETHER

The built production of this academic, architectural and technical research no longer bears much relevance to the initial blobs of non standard architecture. The necessary discretization of complex surfaces into small, manufacturable elements is no longer seen as an unfortunate consequence of building at full scale, but as the starting point of the reflection.

It leads these architect-researchers to consider in close relation the modular decomposition of form, the fabrication of the constituent elements and the method of their assembly. This process no longer starts from a previously defined architectural form leading in a logical sequence to its technical realisation, but examines the form based on its conditions of fabrication, while assembly methods are studied, beyond their technical performance, in terms of their morphological potential.

This process of synthesis demands the renewal of research methods by merging the different disciplines. The particularity of Yves Weinand's Ibois, as with the other laboratories mentioned, is in hybridising knowledge, encouraging interdisciplinarity, in particularly between architecture, civil engineering, mathematics and IT. In a short text entitled 'The studio as a model?', Yves Weinand spells out his ambition to organise his architecture studio at EPFL like a hybrid research centre so as to encourage fertile exchange between the different disciplines involved in architecture. He states his ambition to unite the approaches of the curiosity-driven research of the architecture studio, open to creativity and serendipity, with the problem-oriented research that comes from the culture of research & development. This organisation, unorthodox from an academic point of view, mixes art and science to go beyond the technical rationality of engineering and open up the range of possibilities.

TIMBER PROJECT: SIMPLE ELEMENTS, COMPLEX FORMS

The catalogue of the exhibition 'Timber Project' summarises several years of student work in Yves Weinand's architecture studio. The two semesters of the academic year 2007/2008 were given over to experimenting with structures in woven timber. Following an initial period familiarising themselves with techniques of textile manufacture (weaving, plaiting, knitting), the students were asked to consider these techniques at the scale of a building and to make a large-scale partial model.

The project *Tress Arc* is thereby constituted of an arch that is plaited (*tressé*) in four panels of 3-ply glulam timber spanning 20 m, with a rise of 5 m, made as a model at scale 1 to 3. This module can be repeated *n* times to form the length of a building. The gaps in the plaiting create a pattern of natural lighting at the rythm of the panels. This building method uses the elasticity of the panels in their longitudinal axis to form the curve of the arch, and in their transversal axis to form the plaits.

→ **96**

The project *Continuity Tridimensionality* is a spatial structure that evokes an intertwining of Möbius loops. It is made up of a plaited surface of four loops, each made up of three strips of plywood, intersecting to form a square pattern at the top. While the curve of the volume permits satisfactory rigidity at a small scale, the final model, some 3 metres high, doesn't cope with the change in scale. Photographs of the exhibition reveal the props

→ **97**

holding it up, reminding architects and engineers that the relationship between resistance and size is not linear and that basket-weave patterns are invariably linked to their scale.

Other projects such as the *facetted tower* use plaits that are merely figurative, they do not use the elasticity of the wood. This is a tower constituted of a floor module made of two rings of timber panels that pass alternately one inside the other 8 times, forming an octagonal pattern. This approach consists of defining forms or complex surfaces from a single, simple element that is repeated according to algorithmic logic. It is characteristic of the contemporary parametric architecture that is often seen over the course of the following semesters.

→ 98

The theme of the two following semesters was the discretization of complex surfaces. Starting with nondescript surfaces with no geometric regularity, the students had to find a way of discretizing the form, that is to say decomposing it into small elements, for example using triangulation in order to deduce a buildable model made of simple elements. *V Panel Structure* presents a semi-hyperboloid cut into slices of around 1 m, perpendicular to the axis of the volume. These slices alternate pentagonal and hexagonal arches, whose transversal section forms a V where the two panels meet. This fold improves the inertia of the module, which can thereby be made using thin panels. These elements are them assembled slightly offset so that the edges of the hexagonal arches meet with the middle of the faces of the pentagonal arches. This offset makes

→ 99

it possible to design the connection between the modules with a simple notch. This building pattern results in a textured surface very close to the hyperboloid, on which the offsets between modules provide openings for natural light.

A similar principle guides *Discrete Architectural Geometry*, which takes the form of an irregular dome decomposed into slices of varying widths. Each is an arch of greater or lesser width, composed of a series of glulam timber panels folded along the transversal axis of the module. The successive arcs are juxtaposed at slight offsets so that the upper fold of each element coincides with the lower fold of the next. Where two modules meet, a series of hollow lozenges forms a saw-tooth profile. Independently of one another, the modules are not stable, as the folds do not oppose the loads. It is the alternating offsets from one module to another that ensure the rigidity in a system of structural reciprocity, at least at the scale of the model.

→ 100

In quite a similar manner, another project shows a vault decomposed into small folded elements that interlock, top-to-tail, to form the voussoirs of an arch. These voussoirs also interlock with their neighbours to the left and to the right, forming a homogenous surface tracing a simple vault comprised of two small symmetrical elements of which only the angle of the notches varies according to the position of the voussoirs in space. Once again, the space between the two elements of each voussoir lets in natural light and creates an attractive texture.

→ 101

Lastly we will look at the project *Building Fabric Look Out Tower*, which reinterprets the extraordinary static

→ 102 scheme of three intersecting strips that only rest on the ground at three points. Here it is adapted to a hexagonal motif constituted of 12 strips resting successively one upon the other. This module constituting a 'floor' is then stacked n times, with each layer rotating in order to confuse the reading. The tower thereby has something of a bird's nest aesthetic, with a dense, random texture coming from a base element.

    The question of the geometry and discretization of complex forms dominates the production of these spectacular and aesthetically innovative 'sculpture-structures', quite far-removed from conventional architectural projects. Questions of context or programme are indeed quite secondary, and seem to serve no purpose other than simply providing a scale to these objects. Generally speaking, the projects attempt to discretize complex forms into simple elements in order to make their constructability feasible. Finally, with the exception of the *Look Out Tower*, whose tangled strips could be in solid wood, all the projects make use of the potential of industrial timber panels, from plywood to glulam. The folded structures harness the potential of CAD/CAM to define the complex geometric cutting pattern and cut them out on 5-axis digital machines (x, y, z plus two extras imitating the axes of a human fist on the supporting head of the tool in order to cut mitred edges or angled holes through the panels).

DOCTORATE RESEARCH

    This exploratory research, carried out within the architectural studio, combines and/or is pursued scientifically with the Ibois laboratory, with several theses underway or already completed. The subjects of these theses are as much about the development of these innovative building methods and their mechanical characteristics, as about the development of the digital tools required for their design and fabrication.

In 2009, EPFL architect Ivo Stotz completed *Iterative Geometric Design for Architecture*, followed in 2010 by INSA computer engineer Gilles Couaty with a doctorate research project entitled *Iterative Geometric Modelling with Constraints*. These two research projects construct a digital method of iterative discretization of complex surfaces taking inspiration from methods of generating fractal geometries. Their objective is to develop technical solutions for drawing and producing complex architectural projects based on non standard geometries. Both theses present a series of prototypes made in wood, at large scale, in the laboratory. They also illustrate the benefits of uniting the expertise of the different departments – architecture, mathematics, computer science and civil engineering.

In 2010, EPFL architect Hani Buri defended his thesis *Origami-Folded Plate Structures*, looking at the development of methods for the digital modelling of folded structures for fabrication in timber panels. It constituted the architectural, structural and mathematical analysis of folded structures. This work was complemented in 2015 by the thesis of British architect Christopher Robeller, author of *Integral Mechanical Attachment for Timber Folded Plate Structures*, which developed timber-timber assemblies by cutting out the edges of panels, much like carpenters' dovetail joints, to avoid the use of additional metal fixings. These assemblies are studied in terms of geometry, mechanics and CNC production. Again, a series of prototypes made in the Ibois laboratory supported the demonstration,

→ **105** including interesting tests on assembly using clips taken from plastics engineering and rerouted to timber construction. In particularly, these systems enable the possibility of assembling double-thickness folded structures by means of interlayers of elements linking upper and lower members by means of a simple clip.

Textile structures have also been thoroughly researched. In 2013 EPFL architect Markus Hudert completed *Timberfabric: Applying Textile Assembly Principles for Wood Construction in Architecture*. This doctorate studies the transfer of loads in textile assemblies onto thin timber panels, as well as the different types of three-dimensional frameworks adapted to the elasticity of these panels. Sina Nabaei subsequently studied the mechanical characteristics of these in his thesis *Mechanical Form-Finding of Timber Fabric Structures* in 2015. This → **106** research aimed to develop a computerised modeling tool to define the morphology (form-finding) of woven structures that incorporated the elastic characteristics of panels.

These doctorial theses amass the knowledge developed within the laboratory over some ten years, providing a solid scientific basis for further new architectural exploration. Four demonstration buildings – the Saint Loup Chapel, the Mendrisio pavilion, the Vidy Theatre and the Annen Head Office – supply large-scale evidence of the value of the Ibois research.

RETURN TO ARCHITECTURE: FOUR DEMONSTRATION BUILDINGS

The Saint Loup Chapel in Pompaples, in the Swiss Jura, was built in 2008 by engineering consultants SHEL, founded

→ **107** by Yves Weinand and Hani Buri, in collaboration with architectural practice Local Architecture, using tools and methods developed at Ibois. It is a small, irregular, folded structure, whose form sits within a rectangular plan. This construction was fabricated in CLT panels, 40 mm thick for the walls and 60 mm for the roof, which has a maximum span of 9 m. Its unique computer model was used for form-finding, structural dimensioning and in designing the joints. This information was then translated into G-code for CNC cutting. The different panels each making up faces of this folded structure were made in panels of glulam timber, mitre-jointed according to the different angles determined by the folds. Nonetheless, the joints are still ensured by continuous fine metal plates, running the entire length of the fold, on the external face of the volume.

In 2013, Ibois presented a new demonstration building in the form of a pavilion exhibited at the Mendrisio architecture school. This construction is closely linked with C. Robeller's doctorate research. Following Hani Buri, who developed folded structures generated by broken polylines, this prototype explores the architectural and technical properties of structures of folded curved elements joined along their curved edges by means of dovetail joints meticulously adapted to the geometric complexity of the situation. The Mendrisio pavilion is a simple portal frame spanning 13.5 m, 4 m wide with 3 m clear height. The roof of this portal frame is fabricated in three sections: the two curved panels of either end, convex, are joined to the central panel, concave.

→ **108** The two gables have concave curvature, ensuring the stability of the building in all directions.

The inversed double curve of the roof provided maximum stiffness with regards its rise of only a few tens of centimetres, with a span/rise ratio of 1/170. The panels of glulam timber were made by German contractor Merk. Five layers in alternating directions of 15.4 mm-wide planks were glued and then pressed to make 77 mm-thick panels. These curved panels were then cut out and machined on a digitally controlled cutting machine to make the dovetail joints. In this way, the joint is no longer a third element to unite the first and second, but a particularity of the way each panel is cut. It provides the architectural possibility of elegant lines, evoking the aesthetic of cabinet making. These 'integrated' joints also provide good mechanical characteristics by spreading the loads along the full length of the edge, while metal elements tend to put all the efforts onto specific points that become overloaded.

Finally, going beyond the scale of the pavilion, two recent projects show that, thanks to important evolutions, these building systems can be used to make large-scale buildings. The Vidy Theatre on the banks of Lake Geneva, near Lausanne, is in some ways the culmination of research into folded structures. Unlike the Saint Loup chapel, whose relatively modest spans could be made with simple, 60 mm-thick CLT panels, the dimensions of the Vidy Theatre lead Ibois researchers to look into a system of a folded double shell, which improves structural inertia and enables large spans. For Yves Weinand this was the opportunity for a large-scale testing of these integrated timber joints, stemming, notably, from the dovetail joints of joinery, already tested on the Mendrisio pavilion.

→ 109

The Annen Head Office in Luxembourg is a joinery workshop made up of double-curved vaults ranging

→ 110

→ 111

from 6m to 9m in breadth. The offset of the edge arches from one side to the other lets in a large amount of natural light between each adjoining vault. This system, repeated 23 times, forms a vast, 5800 m² habitable nave, whose width (the span of the vaults) regularly jumps from 23 m to 54 m. These large spans imposed, as with the Vidy Theatre, the conception of a double-up building system, comprising thin panels of glued timber assembled in rhomboid blocks, for which the process of discretization had previously been prototyped in the EPFL workshops. All the connections between the panels are made in timber, without metal connectors, thanks to a mortice and tenon system. These last two demonstration buildings ascertain that the research at Ibois is now capable of going beyond the theoretical stage of laboratory prototype to undertake the realisation of large-scale buildings.

TECHNOLOGY TRANSFERS

Ibois research under the direction of Julius Natterer, Yves Weinand's predecessor, had, from the late 1970s to the beginning of the 2000s, brought timber construction into the modern age. From an archaic material, left on the sidelines by the architects and engineers of the first half of the 20th century, timber has become highly efficient, able to compete with steel and concrete, in particularly with the industrial development of glulam timber from the 1960s on. But this timber engineering essentially occurred with the transfer of knowledge previously acquired in the area of steel structures. Bars of glulam timber were assembled with metal connections, breaking with the techniques of traditional carpentry. These bars could be in either steel or concrete, with no morphological particularities according to material, structure or architectural form. Today's findings are that metal connections are a costly element within the cost of structure. Also, by transfering loads occasionally, at specific points, they are concentrated in different points of the structure, which often entails over-sizing timber elements and subsequently the whole piece. A timber beam section is often over-dimensioned because of the need to have enough 'play' around the joint to ensure the transfer of loads between the wood and the metal. Yves Weinand's gamble is now to invent timber structures that are no longer dependent on metal joints. Thanks to the industrial development of CLT panels since the early 2000s, Ibois research is now based on the transfer of joint techniques from joinery (dovetail, mortise and tenon, etc.) to use on continuous surfaces.

    These all-timber connections make it possible to transfer the loads along the whole junction line between two elements rather than onto specific points. As these joints remain mechanically weaker than metal connections, it is necessary to spread the loads over the entire length of the piece. So it is quite logical that a design made previously of bars and nodes should now be replaced by designs made of panels assembled edge-to-edge for folded or box structures, or that benefit from numerous friction points as with woven structures.

    This process is derived from the transfer of skills known in the fields of basketwork, joinery or origami. The resulting architectures are no longer just skeletons to be subsequently dressed by an envelope that has no role in their stability, but continuous and rigid surfaces that find mechanical resistance in their geometry. Subsequently it is a question of skilfully discretizing the complex surfaces so that once linked, the simple elements that make them up ensure formal and mechanical continuity. An understanding of the geometry of these surfaces, of the conditions of their discretization and of the assembly of multiple elements into one complex surface is only possible now we have computer technology that significantly reduces the staggering labour of drawings and calculation required in this kind of work. It does mean, however, that the development of the computer models that integrate the entire conception process, from the overall form to the procedures for machining the panels, represents a greater investment than is required for the development of a traditional timber structure.

FLEXIBLE MODELS

According to Yves Weinand, the parametric character of design models does not definitively fix the forms, but determines what he calls a genotype, that is to say a range of possibilities within which a type of form and a construction method are consistent, and from which it is possible to extract numerous individual forms, which he calls phenotypes, like unlimited 'screenshots'. Digitally-controlled cutting robots then enable extremely sophisticated cutting patterns based on listed and named elements extracted from the design software, while the digital model had anticipated right from the beginning the methods of discretization of the overall form, which itself had been designed based on these methods. He recognises in these tools the possibility of inventing a new, digital age for timber structures, following those of craftsmanship and of industry.

Conscious that the work required to develop this kind of parametric model is immense, and difficult to justify financially, he proposes seeing the genotype as a flexible model, configured once, and whose range of application could cover a large variety of needs, adapting to a variety of scales, programmes or contexts. This idea, still very theoretical less than 10 years ago, today shows increasing credibility with regards developments in the calculating capacity of computers and progress underway in the field of genetic algorithms. Its effects on architectural design will undoubtedly be revolutionary and we possibly haven't yet seen all that that implies for the architectural profession of tomorrow. A handful of laboratories, including Ibois, are busy sketching its outlines.

AND AFTERWARDS?

This work on the digital continuum will be continued at the EPFL as part of the next research programme, which runs until 2026. Closely linked to increasingly powerful environmental demands, it will take on new forms, giving an important place to raw materials that have not been industrially converted. Consequently, Ibois has already begun thinking about reciprocal structures made simply of tree trunks, assembled to one another by a mortise and tenon system. Ordinary structures, descendants of North-American balloon-frame structures, will also be revived to economise on screws, nails and other metal connections, favourising all-timber joints. Beyond the structures themselves, Ibois has also chosen to look at questions of waterproofing membranes, which are almost always made from hydrocarbons, despite new possibilities for making them from biosourced materials such as bark or hemp fibres. Finally, the holy grail of timber construction, research into timber soldering might enable, in the new future, the possibility of putting an end to the glues that have never convincingly been deemed entirely inoncuous to health. The new research programme is already looking fascinating.

THE THEATRE THAT CAME OUT OF THE WOOD

Yann Rocher

Today's audience can hardly be mistaken. Taking a seat in Vidy-Lausanne's Kantina, in the foyer of the Nanterre-Amandiers Theatre on the western edge of Paris, or in the Young Vic in London, the reception areas of numerous theatres are now stamped by a material whose use in different guises for furniture and wall panelling embodies a new conviviality: wood in pale hues. Although momentarily censured because of its combustibility, wood has been used in the construction of theatres from the very beginning, and has never really gone away. Just think of the multitude of auditoria entirely lined in the most diverse species of wood, from Walt Disney Hall to Mariinsky III, via Glyndebourne and, more recently, the Seine Musicale in Boulogne-Billancourt. But this material, as real as it is symbolic, as ancient as it is contemporary, also indicates a more profound change in today's theatres. Several buildings, of which Yves Weinand's Pavilion for the Théâtre Vidy-Lausanne is an eminent standard bearer, are generalising the use of wood to the point of making a manifesto of it.

Close enquiry into this phenomenon requires going back for a moment to the history of wood in theatre, and all its particularities: since time immemorial, a theatre has comprised the boards of a stage on trestles, Shakespeare's 'wooden O'[1], a living surface whose porosity leaves space for apparitions, whose flexibility accommodates the spring of dance steps, in whose channels run the wings. On top of that, since Antiquity and then again in the Renaissance, it has been a place where the public is arranged in large timber structures that form the tiered seating and the boxes. Within the great fresco of human furnishing that this idea implies, note that Sebastiano Serlio and Gian-Battista Aleotti provided the first models in the modern western world, while the Kabuki in the Antipodes invented their own ritual structures as well as the horizontal stalls known as *masu-seki*. Later on, Elizabethan and Italian theatre complete this chronicle by making the interior architecture more vertical, while a system entirely in wood was gradually introduced to form the stage housing. But the preponderance of wood in structuring theatres only lasted for a certain time, cast iron, steel and reinforced concrete soon providing alternatives that were deemed more stable and resistant. With only a handful of exceptions, among which must be included Saarinen and Robert Swanson's Theatre Concert Hall in Tanglewood[2], and a handful of people's theatres (*théâtres du peuple*) that we will discuss later, the 20th century adhered fully to this dynamic. It is only very recently that a reversal has been initiated by what it is tempting to call 'partisans of all in wood', the first act of which is located near Vidy, on the banks of Lake Geneva. In 1993, Patrick Bouchain had the idea of building the Grange au Lac ('barn on the lake'), an auditorium with a capacity of 1132 for Mstislav Rostropovitch and the 'Rencontres Musicales d'Evian', where structure and fit-out form an immense 'timber tent'[3]. The numerous theatres that he went on to design over the following decades, fruits of the same fairground culture of temporary, dismountable structures, resolutely abandoning any adornment to plunge the audience into atmospheres of building sites and behind

→ 115

→ 116

---

1 William Shakespeare, *King Henry V*, in *Complete Works*, Spring Books, London, 1967, p. 444.
2 *L'Architecture d'aujourd'hui*, May 1949, p. 19–21.
3 Bernard Marrey, *La grange au lac*, Éditions du Linteau, Paris, p. 14.

the scenes. Wood can just as well be used for scaffolding to seat the public as for structuring stage equipment such as lighting grids, thus contributing to the image of a space that is continually evolving and in a process of creation[4]. All in all, the 'all in wood' returns to abolish the separation that is caused by the finish of the ornamented interior, provoking a more immersive condition. Indeed over the last ten years this phenomenon can be seen in realisations as different as Alain-Charles Perrot's temporary theatre for the Comédie Française, the one built by David Rockwell for the TED talks in Vancouver, Andrew Todd's reinterpretation of an Elizabethan theatre at the Château d'Hardelot, and of course the Vidy Pavilion, a sort of apotheosis of the 'all in wood', as its envelope does not use any other material.

Like it or not, theatres have always be charged with an archetypal range of spatial metaphors: eye, cave, mouth, square or sky ... but also clearing, canopy and musical instrument, which are intimately linked with our subject of predilection, wood. Because as architectural tradition has constantly held the tree as the ancestor of the column, it is legitimate to read the space in the middle of the theatre and the colonnade that surrounds it as an opening in a forest. How could you not think it, faced with the stage sets of forest edges often used in theatres? There would be several types of theatrical clearing: the first, reinforcing the frontal relationship, consists of placing the stage beyond the tree-lined circle, which perfectly illustrates the wooded approach with style, as at the Volksbühne in Berlin. The second is more permeable, and sees the performance spread across the clearing, as with Elizabethan theatre or Peter Brook's transformation of the Bouffes du Nord in Paris. The third defines

→ 117

→ 118

→ 119

stage and audience in two clearings that intersect, an unusual configuration developed in the first Goetheanum, where the organic nature of wood is celebrated by the mystic use of seven species[5]. The fourth is simply the integration of a real forest curtain in the distance, whether within the theatre itself, as in Evian (France), or revealed by openings, as with the Théâtre du Peuple in Bussang (France), or Valery Gergiev's recent concert hall in Repino (Russia). Finally, the fifth, even closer to the real forest, is based on the planted theatres of the past, whose vegetal transpositions, at the Herrenhausen Gardens (Germany) in particular[6], fully reproduce the clearing. The list could no doubt go on, but vegetal symbolism doesn't stop there, as certain architects have assimilated the tree canopy in their design of the auditorium. One example is Auguste Perret's Théâtre des Champs Elysées: in a retrospective text in 1938, he explained basing himself on the thrilling experience of hearing a pilgrims' concert beneath the leaves in Lourdes, in deciding to perforate the shell of the auditorium 'in the same proportion as that canopy of trees'[7]. If one inexorable 'canopy' is today held above all the great stages in the hope of such

---

4 See also: Pauline Rappaz, 'Les Plateaux, théâtres atomisés' and Christophe Catsaros, 'Les théâtres en bois de Patrick Bouchain', in *Tracés*, January 2014, p. 14–21.

5 Vittorio Leti Messina, *Rudolf Steiner architetto*, Testo & Immagine, Turin, 1996, p. 39.

6 Rudolf Meyer, *Hecken- und Gartentheater in Deutschland im XVII. und XVIII. Jahrhundert*, H. and J. Lechte, Emsdetten, 1934, from p. 124.

7 Auguste Perret, 'Le théâtre', in *L'Architecture d'aujourd'hui*, September 1938, p. 9.

an acoustic miracle, we must retain only the name of this tradition. And ultimately only some designers still take an interest in exploring it and manipulating it explicitly on the ceiling of their timber auditorium: in Evian again, the stalls are in the shadow of a vast profusion of Alucobond foliage, while Xavier Fabre and Vincent Speller's Auditorium du Grand Avignon, shaped as a leaf, reveals the veins of its structure to the auditorium.

The metaphor of the musical instrument is both more common and subject to caution. Leafing through the pages of *Theater Design*, for example, George Izenour doesn't refrain from stigmatising the belief that wood would be as beneficial in the construction of theatres as it is in lute making[8]. One can understand that this myth of the auditorium-instrument is hard-skinned as long as it is anchored in theories and ideas on auditoria, whether it is Vitruvius defending the role of acoustic vases in his theatre prototype, or of a maker of instruments closer to us such as Adolphe Sax, when he began to contemplate places doted with 'arterial conduits'[9] like the bores of his wind instruments. So it is not surprising that auditoria in wood are often compared to sound boxes. René Morax, contemplating his Théâtre du Jorat in Mézières, a stone's throw from Vidy, retrospectively considered that 'its vast nave of golden pine like the hull of a ship kept the sonority of a violin'. Alfred Cortot, remembering Perret's promise to concoct 'an auditorium that will sound like a violin' for the École Normale de Musique, and concluding, with faith in the okoumé membrane lining his amphitheatre and its conch, 'that the violin would be a Stradivarius'. And then Bouchain, esteeming that in Evian, 'entering the auditorium is like

184   Yann Rocher

opening the case of a musical instrument'[10]. At first glance, these descriptions full of imagery would appear to relate only to places for listening, or worse, to just create confusion between acoustics for music and acoustics for auditoria, despite being very different. But in reality they reflect the more fundamental problem of what might be described as the 'discontinuity of the theatre-box'. Because behind this idyllic vision of a public held in the harmonious pocket of a single magical and living material, it must not be forgotten that the theatre is eternally confronted by uncomfortable questions about unity of space and volume. A glance at a cross-section of Paris' Opéra Garnier, for example, and who could not be struck by the autonomous nature of the auditorium, the centre of an immense envelope with which it has no links. Moreover, is it not surprising to want to melt into the performance by combining two volumes so different and disjointed as an expanding stage housing and a concave auditorium? And ultimately, should we not see in this extreme separation between envelope and auditorium and between auditorium and stage, the apogee of distance? Precisely the kind of distance that causes anxiety in places dedicated to theatre, that pushes directors to escape to simpler places such as abandoned warehouses, and that builders of timber theatres, in their own way, seek to reduce or abolish?

8 George C. Izenour, *Theater Design*, McGraw-Hill, 1977, New York, p. 539.
9 Yann Rocher, *Théâtres en utopie*, Actes Sud, Paris, 2014, p. 56–57.
10 Respectively: Rebecca Lyon, 'Mézières, un théâtre à la campagne', in *Revue musicale de Suisse romande*, June 1997, p. 28; Joseph Abram, 'La salle Cortot. L'intérieur d'un violon', in *Monuments historiques*, July/August 1991, p. 64; Patrick Bouchain, *Histoire de construire*, Actes Sud, Paris, 2012, p. 143.

121 In answer to these questions, the Vidy Pavilion, with a capacity of 250 highly propitious to Ibois' experimentations, delivers a particularly decisive answer: it presents itself as a virtuoso composition whose principles, strongly linked to the challenges of envelope just mentioned, clearly submit the box-theatre to a double meaning – stage and auditorium first, are united beneath a single, shared skin. And its effect of pleats, sufficiently abstract and changing depending on point of view, give an equal force of expression. One immediately thinks of a monolith in the spirit of the people's houses proposed by the Luckhardt brothers[11]. Except that instead of celebrating the mountain by massive, solid expressionism, the tectonic is made by an assembly of factory-made elements. Then attention moves to the system of 'antiprismic pleats' and its double curve more regular and sophisticated that the origami of the Deaconesses' Chapel at Pompaples (Switzerland), which is even more like an optical instrument: a bit as though the public was seated in a succession of rows of scenery flats, like the bellows of a box camera. Nonetheless, the essence of the envelope scheme resides in two movements in opposition: first the parametrical geometry of its pleats, made to measure, with the vocation of absorbing in its modular system all the problems encountered in the decision to cover the theatre in a single sweep; and secondly, as this system was by necessity only able to cater for a limited number of exceptions, and even less for the complexity of its contents, that is to say the workings of the auditorium itself. Also, the pleated overcoat ends up forming the equivalent of a timber arch, ensuring an open confrontation between the auditorium and the stage, while removing itself. Consequently, it is not insignificant that on the precise site of the pavilion had been a circus tent. Because in the end it is within this ancestry that the building operates a second simplification, this time between envelope and auditorium: by means of its thick timber overcoat, infinitely more pure than the usual composite skins, it marks first and foremost a milestone in the impossible quest for 'comfortable lightness', that desire, since Thespis and his wagon in Ancient Greece, to make theatre in conditions that are comfortable without their presence weighing too heavily. A contradiction that the canvas of tents, for example, which although wonderfully simple, flexible and convivial, has never been able to resolve, being too thin for regulating acoustic and thermal constraints. Jean-Louis Barrault experienced this first hand: after several months spent in a circus tent in the old Gare d'Orsay in Paris, the director made his presence more permanent by means of a theatre entirely in wood, whose glulam structure, visible above the public, led him to claim that 'the form of the auditorium was partly big top, partly barn'[12].

→ 122

Decidedly, the barn is key in understanding our investigation, and not only because of this last example or that of Evian. Because in its aesthetic tinted with rusticity, the timber overcoat of the Vidy Pavilion also refers to a typology of which the barn is clearly the archetype: the Alpine people's theatre. If it was necessary to summarise this distant branch of the genealogy of performance

→ 123

11 In particular the Volkshaus, designed by Hans Luckhardt around 1920.
12 Jean-Louis Barrault, 'Le théâtre d'Orsay', in *Techniques & architecture*, August/September 1976, p. 59.

spaces, we would say that it was born at the end of the 19th century and branched out in several different lines: the people's theatres initiated by Maurice Pottecher in Bussang and Gérardmer in the Vosges mountains of north-east France, to which Mézières certainly attached itself[13]; those dedicated to Passion Plays in the wake of Oberammergau (Germany), with examples at Selzach, Erl and Thiersee; the old Tellspielhaus in Altdorf (Switzerland, Austria), with more nationalistic connotations; without forgetting unlikely spin-offs such as the Deertrees Theatre in Harrison (US), whose Adirondack style is simply the American interpretation of the Swiss chalet. Yet what reigns in all these constructions is that timber gets pride of place, is a kind of opposition to the bourgeois theatre. Closely linked to the landscape, the ample size of their often fanciful roofs encloses an interior that is deliberately unrefined and rudimentary. Nothing other than wood, with sometimes the single luxury of some panelling, meagre compensation for a fine envelope in direct contact with the mountain climate, and so only adapted to the warmer months. In the exchange of gold and stucco for planks and rafters, the ostentation left is that of a people's timber made by the people[14]. In comparison, the austerity of the Vidy Pavilion is not really of the same nature, due to the following paradox: the simplicity and efficiency of material that it displays is based on highly sophisticated automated joinery; and this sophistication enables the *coup de force* of folded panels, simultaneously playing the roles of structure and cladding. Yet as in people's theatre, the project's intention remains to make 'readable the way in which the building was constructed,' an idea that Weinand champions to the point of going on to say, 'the approach

→ 124

Yann Rocher

to constructing this building will be the scenography'[15]. Where others lose themselves in the fantasy of an architecture that is as mechanical as the stage or as theatrical as the play, here the architect has made the envelope of the auditorium into a technological theatre of timber, and a kind of withdrawal: the interior shows the plasticity of the arrangement of portal frames and the geometrical science of panel edges, like a kind of excessive, vegetal version of the *muqarnas* of the Alhambra, the serration of its double tenons, of its sides, are like something from *haute couture*. Didactic, these components tell a story of assemblies, spans, distribution of loads and load takedowns, in the pure tradition of narrative architectonics. But unlike Bouchain, the story in question is not so much the other side of decoration as the lining of the overcoat, the fabric beneath an envelope independent of the stage, keeping a discreet distance: in the use of a stain to darken the wood, leaving its grain visible, its walls differentiate themselves from the theatrical fashion of using lighting to simulate material.

→ 125

What might seem to be only a construction detail is in fact much more significant. Just remember Peter Brook's reaction when he discovered the Bouffes du Nord, noting of its wear and tear that 'the 'cultural' skin of

---

13 Rebecca Lyon, *op. cit.*, p. 19. See also Sandrine Dubouilh, *Une architecture pour le théâtre populaire 1870 – 1970*, Éditions AS, Paris, 2012, p. 48 – 53.

14 Mention must also be made of the extraordinary case of the Baulmes Theatre near Lausanne, located in the roof structure of the town hall.

15 Yves Weinand (dir.), *Le Pavillon en bois du Théâtre de Vidy*, Presses Polytechniques et Universitaires Romandes, Lausanne, 2017, p. 87 – 88.

architectural finish had been cauterised away'[16]. A remark that illustrates to what degree artists can associate the very material of an auditorium with a weighty historical sheen, an artificial presence that risks interfering with the performance. In this sense, the skin of the auditorium is the necessary photographic paper of a society and a period, which creators use with more or less success in order to make their own photograph. And should this paper be too impregnated with codes, the temptation is great to relieve it as the people's theatres do: an act of poverty. With this in mind, baring the wood in the Vidy Pavilion is like stripping the auditorium of its trappings, reconnecting with the true surface of the skin, and giving to the play a return to a kind of 'primitive scene'. Yet the raw material of the Pavilion is not only about this aesthetic aspiration in theatricality. It is also, and primarily, an assertion of the virtuous use of wood, and the affirmation that a performance space can be the object of a militant position on sustainable architecture. In this, Weinand is obviously not entirely a pioneer, even if most of his predecessors were clearly less innovative in the building process than in re-use and economy, where they sometimes stumbled upon treasures of starkness: for example the 2010 opera project that Jacques Plante and Pascale Pierre designed based on delivery pallets; or Bernard Tschumi's 2014 Rosey Concert Hall in Rolle (Switzerland) using OSB panels, whose only ostentation was in their sanded and oiled finish. In fact, the uniqueness of the Pavilion is in a radical method of using wood that has an impact at all levels: in the lineage of Max Bill and his demonstration in the Vidy Theatre of an ingenious temporary building that lasted, the project calls on machinery and prefabrication to a degree whereby all

→ 126

190   Yann Rocher

the aspects of the art of building bow to one single overall procedure. The constraint of this extreme rationalisation, however, is compensated by a modulation pushed to the limits of flexibility, for in the 304 panels that make up the overcoat, no two are the same. So the technological nature of the project is primary, all encompassing, but it is more generally construed to make timber into a vector of reconciliation, of economy and integration: it makes it possible to turn towards local natural resources in the spirit of the Lausanne Expo 64 and its promotion of silviculture; to promote the proposal of a building that is bio-sourced and almost entirely reversible; and to bring about a framework that is sufficiently open and experimental that a laboratory, a theatre and a contractor could join forces in a contemporary, hi-tech barn raising.

There is no doubt that the Vidy Pavilion and timber theatres of today seek to rediscover a lost link with nature. While this question preoccupying our era is far from relating only to them, it takes on a particular hue with a cursory glance over the historical relationship between performance space and nature. In conclusion to this enquiry, our hypothesis is the following: the initial harmony of the *cavea* of ancien times, intimately linked to topography and landscape, was succeeded by two successive splits. The first initially occurred with the Renaissance and the proscenium theatre, such as that noted by Theodor W. Adorno commenting on the lost unity of reality and stage, observing that, 'the dome has long closed over all that [...], without allowing the gaze to contemplate the

---

16 Andrew Todd, Jean-Guy Lecat, *The Open Circle. Peter Brook's theatre environments*, Palgrave Macmillan, New York, 2003, p. 6.

sky'[17]. Thereby, all that remained in auditoria were spatial metaphors such as the sky dome, the forest colonnade already mentioned, or the cyclorama of the horizon. The second, more recent and in spite of calls to purify the art through contact with nature, as suggested by Pottecher in Bussang, appeared with the modernity of the 20th century. Because excessive abstraction and industrialisation ended up purging the majority of auditoria of any natural subsistence, real or symbolic. Despite current ecological consciousness, it must be recognised that most recent theatres do not really escape this tendency. And for multiple reasons, among which are their urban situation, the complexity of their programme and the slow evolution of their model, they entertain only very few special connections with nature. In light of this, the reversal that is undertaken by the Vidy Pavilion project consists of producing an auditorium using only timber and cutting-edge technology. It establishes a more intelligent and sustainable relationship with natural resources and thereby provides a response in materialisation and implementation. The question of a new spatial relationship to nature in theatre remains quite clear. Although it is implicit in Philippe Quesne and Bruno Latour's years of research at Nanterre-Amandiers, from this theatre in wood or in another material, the seedlings are yet to be sown.

→ **128**

17 Theodor W. Adorno, 'Histoire naturelle du théâtre', in *Musique en jeu*, May 1974, p. 4.

LES AUTEURS   THE AUTHORS

Françoise Fromonot, architecte et critique d'architecture, est professeure en TPCAU à l'École nationale supérieure d'architecture de Paris-Belleville. Elle a consacré de nombreux articles et ouvrages à la production contemporaine de l'environnement construit, notamment deux monographies sur l'architecte australien Glenn Murcutt (Electa-Gallimard, 1995 et 2003), une histoire d'un bâtiment-icône (*Jørn Utzon et l'opéra de Sydney*, Electa-Gallimard, 1998), l'analyse d'une pratique (*Michel Desvigne-Territoires en projet*, Birkhäuser, 2020) et un diptyque qui se penche sur les déboires de la dernière rénovation du centre de Paris : *La Campagne des Halles. Les nouveaux malheurs de Paris*, en 2005, et *La Comédie des Halles. Intrigue et mise en scène*, en 2019 (éditions La Fabrique). Elle a cofondé en 2008 et co-animé pendant dix ans à Paris la revue *criticat*.

Françoise Fromonot is an architect and critic based in Paris, currently Professor (history, theory and design) at the ENSA (national architecture school) Paris-Belleville. She is the author of numerous monographs and essays, including *Glenn Murcutt-Buildings and Projects* (Electa, 1995 and 2003), *Jørn Utzon and the Sydney Opera House* (Electa, 1998), *Michel Desvigne-Transforming Landscapes* (Birkhäuser, 2020) and *La Campagne des Halles* (La Fabrique, 2005), a critical account of the latest urban competition for the renovation of central Paris whose second volume (*La Comédie des Halles*) was published in 2019. She was also a founding member of and contributing editor to the Paris-based architecture journal *criticat*, a selection of articles from the first ten issues, Y*ours critically*, appeared in English in 2016.

Françoise Fromonot

Stéphane Berthier est architecte diplômé de l'EPFL et docteur en architecture de l'Université Paris-Saclay. Il est maître de conférences à l'Ecole Nationale Supérieure de Versailles et chercheur au LEAV. Ses recherches portent sur l'architecture comme milieu d'expérimentation des innovations techniques. Il est aussi associé fondateur de l'agence d'architecture MESOSTUDIO à Paris.

Stéphane Berthier is an architect with a degree from EPFL and a doctorate in architecture from the University of Paris-Saclay. He is a lecturer at the Ecole Nationale Supérieure de Versailles and a researcher at the LEAV. His research focuses on architecture as a medium for experimenting with technical innovations. He is also a founding partner of the architecture agency MESOSTUDIO in Paris.

Stéphane Berthier

Yann Rocher. Né en 1975, il est architecte et commissaire d'exposition. Il enseigne à l'École d'architecture Paris-Malaquais depuis 2005 et est responsable du collectif Stratosphère. Entre 1998 et 2008 il travaille à la conception de plus de 25 lieux scéniques pour Yaying Xu, Fabre & Speller, et Philippe Pumain. En 2013 il conçoit l'exposition « Théâtres en utopie », et en 2017, l'exposition « Globes. Architecture et sciences explorent le monde ». Il en publie les catalogues chez Actes-Sud et Norma éditions.

Born in 1975, Yann Rocher is an architect and curator. He has been teaching at the Paris-Malaquais School of Architecture since 2005 and is responsible for the Stratosphere collective. Between 1998 and 2008 he worked on the design of more than 25 scenic locations for Yaying Xu, Fabre & Speller, and Philippe Pumain. In 2013 he designs the exhibition 'Theatres in Utopia', and in 2017, the exhibition 'Globes. Architecture and Sciences Explore the World'. He publishes its catalogues at Actes-Sud and Norma éditions.

Yann Rocher

Les cahiers de l'Ibois :
Une publication semestrielle,
radiographie sociétale,
écologique, culturelle et politique
de la construction bois.

Responsables éditoriaux:
Christophe Catsaros
et Yves Weinand
Suivi éditorial: Violaine Prevost
Graphisme: Notter+Vigne
Photolitho: Roger Emmenegger
Traduction: Annabel Gray
*Traduction pour le texte de
Françoise Fromonot*:
Annabel Gray et Garry White

EPFL PRESS est un label des
Presses polytechniques et
universitaires romandes (PPUR),
qui publie principalement les
travaux d'enseignement et de
recherche de l'École polytechnique
fédérale de Lausanne (EPFL),
des universités et des hautes
écoles francophones.

© EPFL PRESS / Presses
polytechniques et universitaires
romandes, Lausanne, 2020
Tous droits réservés Reproduction,
même partielle, sous quelque
forme ou sur quelque support que
ce soit, interdite sans l'accord
écrit de l'éditeur.

Imprimé en Suisse.

The Ibois notebooks:
A biannual, societal,
ecological, cultural and
political radiography
of timber construction.

Edited by Christophe Catsaros
and Yves Weinand
Editorial follow-up:
Violaine Prevost
Graphic design: Notter+Vigne
Photolitho: Roger Emmenegger
Translation: Annabel Gray
*Translation for the text by
Françoise Fromonot*:
Annabel Gray and Garry White

EPFL PRESS is a label of the
Presses polytechniques et
universitaires romandes (PPUR),
which mainly publishes teaching
and research material of the
Lausanne Swiss Federal Institute
of Technology (EPFL), as well
as French-speaking universities
and colleges.

© EPFL PRESS / Presses
polytechniques et universitaires
romandes, Lausanne, 2020
All rights reserved Reproduction,
even partial, in any form
or on any medium whatsoever,
prohibited without the written
consent of the publisher.

Printed in Switzerland.

PPUR, EPFL
Rolex Learning Center
CP 119, CH–1015 Lausanne
info@epflpress.org
T +41 21 693 21 30
F +41 21 693 40 27
www.epflpress.org

ISBN 978-2-88915-390-9